달려라 논리 2

★★ 숨어 있는 오류를 찾아라! ★★

달려라 논리

2

★★ 숨어 있는 오류를 찾아라! ★★

창비

'달려라 논리'를 펴내며

이 책은 시험 성적을 올리는 묘수를 제공하는 책은 아닙니다. 그러니 안타깝지만 이 책을 읽고 나서 단숨에 시험 성적이 올라간다고 보장해 드릴 수는 없겠습니다. 보통은 시험에 도움이 되라고 공부를 하지요. 특히 논리책을 읽으면 글쓰기가 유려해질 거라고들 믿습니다. 물론 도움이 될 겁니다. 하지만 수사적인 표현과 멋들어진 문장을 쓸 수 있게 되는 것은 아닙니다. 논리는 그보다 훨씬 근원적인 차원에서 여러분의 삶에, 공부에, 글쓰기에 도움이 됩니다. 문제를 풀면 답만 아는 것이지만, 논리를 알면 전부 아는 것이라고 감히 말씀드릴 수 있는 이유입니다.

우리가 살아가는 데는 무슨 직업을 가졌든, 어떻게 살든 꼭 필요한 것이 두 가지 있습니다. 하나는 체력이고 다른 하나는 사고력입니다. 체력이 없이는 무슨 일도 제대로 해낼 수 없습니다. 아무리 시험 성적이 높아서 좋은 대학을 나오고 좋은 직장을 얻는다 해도 몸이 허약하면 무슨 소용이 있겠습니까? 체력이 뒷받침되어야 일을 해도 잘할 수 있습니다. 그러니 여러분 같은 나이에는 체력을 기르는 것이 매우 중요합니다. 청소년기가 평생 체력을 좌우하니까요. 체력을 기르기 위해서는 규칙적인 식사, 충분한 수면, 운동이 필요합니다. 특히 운동을 게을리하지 않아야 근육이 키워지고 오랫동안 체력을 유지할 수 있겠지요.

그런데 다리 근육을 발달시키기 위해서, 무조건 많이 뛰면 되는 것일까요? 그보다는 체계적으로, 제대로 운동하는 것이 효율적입니다. 전문가의 지도에 따라 꾸준히 해야겠지요. 사고력은 '정신의 근육'이라고 할 수 있습니다. 반복해서 연습해야 비로소 단련되거든요. 사고력도 다리 근육처럼 꾸준히 체계적으로 훈련하지 않으면 제대로 균형 있게 발달하지 않습니다. 아무리 책을 많이 읽고 토론도 열심히 해 보고 정성껏 글을 쓴다고 해도 논리적인 사고력을 기르지 않으면 꿰지 않은 서 말의 구슬과 같습니다.

사람은 체력과 사고력 없이는 살아갈 수 없습니다. '달려라 논리' 시리즈는 무엇을 어떻게 해야 올바른 생각을 할 수 있는지 여러분에게 제대로 보여 주고자 합니다. 아무쪼록 체력과 함께 사고력도 길러 더 좋은 삶을 누리길 바랍니다.

2014년 11월

탁석산

1

생각의 건강 지키기

아침에 상쾌한 기분으로 일어나서 건강하게 하루를 시작하면 참 좋지요. 아프지 않고 매일매일 건강하게 지낼 수 있다면 모든 일이 잘될 듯합니다. 하지만 현실은 그렇지 않습니다. 감기에 걸려 학교에 가지 못하는 날도 있고 배가 아파서 일을 쉬는 날도 있으니까요.

　질병이 건강한 삶을 방해하듯, 오류는 건강한 추론을 방해합니다. 생각의 건강을 해치는 것이지요. 오류는 올바르게 생각하는 것을 막는 장애물입니다. 오류란 단순히 빈약한 논증이나 대화의 규칙을 어긴 것만을 뜻하지 않습니다. 대화의 목표를 방해하거나 대화의 실현을 훼방 놓는 잘못된 논증은 모두 오류입니다. 대화란 사람 사이의 의사소통을 일컫는 것이잖아요. 말과 글로써 우리는 다른 사람과 대화를 나누는데, 자꾸만 오류가 생긴다면 정상적으로 대화를 주고받기 어렵겠지요. 따라서 올바르게 대화하고 소통하기 위해서는 오류를 최대한 줄여야 합니다. 병에 걸렸을 때 병원에 가서 치료를 받거나 약을 먹듯이 말입니다.

대화를 망치거나 방해하는 오류에는 크게 두 종류가 있습니다. 첫째는 비형식적 오류입니다. 비형식적 오류는 대화의 규칙을 어겼을 때 발생하는 잘못입니다. 이를테면 누군가와 대화할 때 주제와 관련 없는 내용은 말하지 않기로 하는 것도 일종의 규칙입니다. 주제와 관련 없는 이야기를 늘어놓으면서 계속 자기주장만 하면 대화의 흐름이 끊기겠지요? 글을 쓸 때도 맥락이 닿지 않는 산만한 글이 될 테고요. 또한 대화할 때 널리 통하는 단어의 뜻을 자기 마음대로 바꾸면 안 된다는 것도 규칙입니다. 일반적으로 쓰이는 뜻과 다르게 단어를 사용하려면 상대방에게 미리 알려 주어야겠지요. 이제부터 이 단어는 이런 뜻으로 쓰겠습니다, 하고 말이에요. 대화에서 이런 규칙들을 지키지 않았을 때 비형식적 오류를 저지르게 되는 것입니다. 그런데 왜 '비형식적' 오류라고 부르느냐고요? '형식적' 오류와 구분 지으려는 뜻에서 이렇게 나누었을 뿐입니다. 비형식적 오류는 내용 면에서의 잘못이라고 이해하면 되겠습니다.

둘째는 형식적 오류입니다. 대화의 내용이 아니라 형식이 잘못됐을 때 일어나는 것이지요. 형식 자체가 잘못되었기 때문에 어떤 내용을 넣어도 오류가 될 수밖에 없는 경우를 말합니다. 형식적 오류는 눈에 보이게 분명히 알 수 있는 방법이 있습니다. 바로 논증을 기호와 논리식을 이용해 표현하는 것이지요. 수학처럼 식으로 표현해 보면 우리가 자연스럽게 사용해 오던 논리가 실은 오류였다는 것이 선명하게 드러난답니다. 이와 달리 비형식적 오류는 식으로 정리해서 표현할 수는 없지요.

이 책에서는 우리의 일상생활에서 오류가 얼마나 널리 퍼져 있고 흔하게 사용되는지 보여 주고자 합니다. 이 책을 다 읽은 뒤에는 여러분 모두 자신이 얼마나 많은 오류를 저지르고 있었는지 깨닫고 새삼 놀랄지도 모르겠군요.

하지만 조심할 게 있습니다. 오류를 찾는 데만 몰두하다가는 마치 오류만 알면 모든 문제를 해결할 수 있겠다는 기분에 사로잡힐 수 있거든요. 우리가 오류를 배우는 이유는 올바르게 사고하기 위해서라는 것을 잊으면 안 됩니다. 병에 걸리면 병원에 가서 치료를 받지만 그걸로 끝은 아니지 않습니까? 병을 털어 내고 건강한 생활로 다시 돌아가는 것이 진짜 목적이지요. 우리도 오류를 배우고 바로잡아 마침내는 건강하게 사고하는 길까지 알아봅시다.

　청소년인 여러분에게 성적은 큰 고민거리일 것입니다. 이 때문에 부모님과 갈등을 겪는 일도 자주 있지요. 여러 친구와 선생님을 대해야 하는 학교생활도 그리 만만하지 않습니다. 게다가 인생이 무엇인지 고민이 시작될 나이이기도 하고요. 이런 여러 문제에 대해 논리적으로 사고할 수 있다면 해결책을 찾기가 훨씬 수월해지지 않을까요? 그럼 여러분 또래의 리안이와 지수가 겪는 일상을 엿보며 우리 바로 곁에서 어떤 오류를 만날 수 있는지 살펴볼까요?

2

세상에, 이렇게나 많은 오류가!

사건 1

밥만 먹는 이유

리안이의 일기

엄마는 나를 미워하는 게 틀림없다. 오늘 아침만 해도 그렇다. 나는

엄마 말을 잘 들었는데도 혼이 났다. 엄마는 분명 이렇게 말했다.

"리안아, 밥 먹어라."

나는 엄마가 말한 대로 했다. 그랬는데 엄마가 갑자기 화를 냈다.

"얘, 너는 어떻게 밥만 먹니! 반찬도 먹어야지."

"엄마가 밥 먹으라고 했잖아. 그래서 밥 먹었는데?"

그러자 엄마는 소리를 버럭 질렀다.

"네가 한두 살 먹은 어린애니, 말귀를 못 알아듣게? 너 엄마한테 반항하는 거지?"

나는 반항하지 않았다. 엄마 말대로 했을 뿐이다. 진짜 억울하다.

요즘 뉴스나 일상생활에서 보면 억울하다고 호소하는 사람이 많은 것 같습니다. 싸움이 일어나면 양쪽 모두 자기는 잘못이 없으며 억울하다고 주장하는 경우가 대부분이지요. 그런데 앞서 리안이는 정말 억울하게 엄마한테 혼났을까요?

보통 "밥 먹어라." 하면 식사하라는 뜻으로 알아듣습니다. 곧이곧대로 글자만 보고 뜻을 파악하지는 않지요. "어머니를 사랑하라."라는 말을 듣고는 정말 어머니만 사랑하고 아버지는 사랑하지 않는다면 이상하듯이 말이에요.

비슷한 사례로 이런 우스갯소리도 있지요.

선생님 아니, 어디 눈을 동그랗게 뜨고 선생님을 쳐다보니!

학생 그럼 눈을 네모나게 뜰 수 있어요?

이때 선생님은 '왜 버릇없이 빤히 쳐다보느냐.'라는 뜻으로 나무랐습니다. 하지만 학생은 선생님의 말 중 '동그랗게'를 강조해서 들었지요. 결국 엉뚱하게도 눈을 네모나게 뜰 수 있느냐고 되물은 것입니다.

이런 경우를 '강조의 오류'라고 합니다. 어떤 말을 맥락에 맞지 않게 지나치게 강조해서 쓰거나 강조해서 받아들임으로써 잘못이 생기는 것이지요. 글자만 생각하지 말고 앞뒤 흐름까지 파악해야 하는데, 특정한 글자나 단어만 강조하면 이런 잘못이 일어납니다.

리안이는 밥 먹으라는 엄마의 말에서 '밥'만 강조해서 들었기 때문에 오류를 저지른 것입니다. 그러니 리안이가 엄마의 꾸중이 잘못되었다고 억울해할 필요는 없겠지요.

그런데 뒷일이 더 있었던 모양입니다. 같은 날 리안이네 엄마도 일기를 남겼군요.

엄마의 일기

아무래도 리안이가 심상치 않다. 초등학교 다닐 때만 해도 얌전하고 말 잘 듣는 아이였는데 반항기에 접어든 걸까. 오늘 아침에는 당황했다. 밥 먹으랬다고 진짜 맨밥만 먹다니. 갑자기 왜 그러는 걸까.

거기까지였으면 그나마 괜찮았다. 반찬도 먹으라고 잔소리했더니 이번에는 밥하고 반찬만 먹는 게 아닌가. 평소에 밥 먹으면서 물을 몇 번씩 마시던 애가 오늘은 식사를 마친 후에도 물컵에는 손도 안 댔다.

설마설마하면서 왜 물은 안 마시느냐고 물었더니 내가 밥이랑 반찬을 먹으라고 했지, 물을 마시라고는 안 했다는 것이다. 세상에, 기가 막혀서. 왜 갑자기 반항하기 시작한 거지?

리안이 아빠와 얘기를 좀 해 봐야겠다.

이런, 리안이는 또 강조의 오류를 저질렀군요. 반찬도 먹으라는 엄마의 말에 밥과 반찬만 먹고 물은 안 마셨으니 말입니다. 일기만 봐도 엄마가 얼마나 어이없었을지 상상이 되네요.

그런데 엄마에게서 사정을 들은 아빠는 조금 다른 방식으로 생각했나 봅니다.

이빠의 일기

우리 딸 리안이가 재미있는 녀석이라고 생각하긴 했지만 요즘 들어 부쩍 반항심이 커진 것 같다. 이제 하나하나 따지기 시작한 것이리라. 앞으로 얼마나 따지고 들까. 앞날이 걱정되는구나.

그나저나 내일부터는 밥 먹을 때 뭐라고 해야 하나? 그래, "아침 먹어라."라고 해야겠다. 무난하지 않을까?

그런데 아침은 시간을 말하는 건데 어떻게 시간을 먹느냐고 대꾸하면 어쩌지? 음, 그렇게 말할 가능성도 충분히 있다. 그럼 아침 식사를 하렴, 이렇게 말해야 하나? 따질수록 점점 복잡해지네. 이런 고민까지 하게 만들다니…… 리안이 녀석, 물건은 물건이야.

아빠는 화를 내지는 않지만 속으로 고민이 많군요. 아침 먹으라고 하면 되겠지 했다가 리안이가 따지고 들까 봐 아침 식사로 바꿀까 하지만 조금 귀찮아하기도 합니다.

이럴 때 리안이가 한 말이 '강조의 오류'라고 가르쳐 주면 훨씬 편할 텐데요. 알면 그만큼 편해지는 법입니다.

이런 일은 일상생활에서만 일어날까요? 아닙니다. 유명한 문학 작품에서도 강조의 오류를 발견할 수 있습니다. 예를 들어 셰익스피어의 희곡 작품 『베니스의 상인』에서도 아주 유명한 강조의 오류가 나오거든요.

주인공 안토니오는 친구 바사니오를 위해 고리대금업자 샤일록에게 자신의 살 1파운드(약 454g에 해당)를 담보로 걸고 3,000다카트를 빌립니다. 그런데 제때 돈을 갚지 못해서 목숨을 잃을 위기에 놓이고 말지요. 하지만 바사니오의 아내 포샤가 기지를 발휘해서 안토니오를 구해 냅니다.

법학 박사로 변장해 법정에 나타난 포샤는 샤일록에게 안토니오의 살만 정확히 1파운드 가져가라고 말합니다. 즉, 피라든지 다른 것은 가져가면 안 된다는 겁니다.

이 부분이 바로 『베니스의 상인』에서 절정에 해당하는 곳인데, 사실 이 장면에서 포샤는 강조의 오류를 저질렀습니다. 어떻게 살아 있는 사람에게서 피 한 방울 흘리지 않고 살만 떼어 낼 수 있겠습니까? '살 1파운드'에서 '살'을 강조했기 때문에 이런 해석이 가능했던 겁니다. 포샤는 강조의 오류를 절묘하게 이용해서 안토니오를 살렸습니다.

그럼 마지막으로 이날 저녁 리안이 엄마와 아빠 사이의 대화를 살펴보고 강조의 오류를 마무리할까요.

엄마 벌써 저녁 시간이 다 됐네. 밥해야겠다.

아빠 오늘은 내가 할게.

엄마 아니, 웬일이야? 당신이 밥을 해 준다고 하고.

아빠 응, 밥은 내가 할 테니 반찬은 당신이 해.

엄마 어이구, 내 그럴 줄 알았어. 어쩐지. 딸이나 아빠나 똑같아요.

여러분, 누가 무슨 오류를 저질렀는지 다들 찾으셨죠?

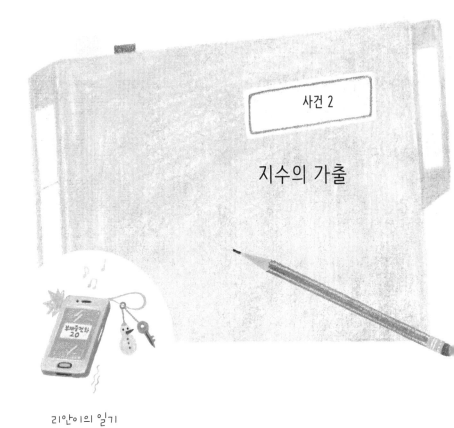

사건 2

지수의 가출

리안이의 일기

오늘 아침에 등교해 보니 지수가 가출했다는 소문이 학교에 쫙 퍼졌다. 어제저녁 집에 들어오지 않았다는 거다. 아침 일찍 지수 엄마가 교무실에 다녀가신 모양이다.

우리 학교에는 가출했던 애들이 몇 명 있는데 다들 부모님이랑 갈등

XXX
X 24
XXX

이 심했다고 한다. 얼핏 듣기로 지수도 부모님과 사이가 장난 아니었
다는 것 같다. 부모님과 갈등이 심하면 가출하나 보다. 그런데 지수는
지금 어디 있을까? 아무리 전화를 해도 안 받아서 걱정된다.

실제로 지수는 부모님과 갈등을 겪고 그 때문에 가출했을지도
모릅니다. 하지만 부모님과 갈등을 빚고 있는 청소년들이 모두 가
출하는 것은 아니겠지요. 그렇다면 리안이는 왜 부모님과 갈등을
겪으면 가출한다고 생각했을까요? 리안이의 생각은 합리적인 것
이라고 볼 수 있을까요? 아쉽지만 이번에도 허점이 있었습니다.

리안이는 바로 '성급한 일반화의 오류'를 저질렀습니다. 일반화
란 '저 집 강아지는 예쁘다. 그 옆집과 앞집 강아지도 예쁘다. 따
라서 모든 강아지는 예쁘다.' 하는 식으로 구체적 사례들을 근거
로 삼아 일반적인 결론을 이끌어 내는 것을 일컫습니다. 그래서
일반화의 결론에는 보통 '모든'이 붙습니다. 즉 '모든 강아지는
예쁘다.' 하는 식이지요.

그런데 성급한 일반화란, 사례가 너무 적은데도 일반화해 버려
서 잘못된 결론을 내리는 경우를 가리킵니다. 강아지를 겨우 세
마리 봤을 뿐인데 모든 강아지가 예쁘다고 말하면 오류라는 것

이지요. 좀 더 많은 강아지를 살펴보고 나서 그런 결론을 내려야 하지 않겠습니까? 이처럼 일반화를 할 때는 충분히 많은 표본을 살펴보고 결론을 내려야 합니다.

리안이의 일기를 토대로 리안이가 했던 일반화를 정리해 보면 다음과 같습니다.

---

1. 지수가 부모님과 갈등을 겪고 가출했다고 한다.

2. 우리 학교 애들 몇 명도 부모님과 갈등을 겪고 가출했다고 한다.

3. 따라서 부모와 갈등을 겪는 애들은 모두 가출한다.

리안이는 가출하는 학생 중 극히 일부만을 보고 성급하게 일반화했습니다. 주변에서 이야기를 들은 적 있는 몇 명만이 표본이었는데도 부모와 갈등이 있으면 가출하게 마련이라고 성급하게 결론지어 버렸지요. 게다가 지수가 가출한 원인은 확실하지도 않은데 말이에요.

혹시 얼굴이 예쁘면 성격도 좋다는 속설을 들은 적 있나요? 그런 속설 역시 성급한 일반화의 오류를 저지른 예입니다. 예쁘다는 것도 사람마다 생각이 다르므로 기준이 필요하겠지만, 일단 여기서는 남녀 불문하고 이목구비가 뚜렷한 사람을 가리킨다고 가정해 봅시다. 이러한 기준에서 살펴볼 때 세상에는 예쁜 사람이 아주 많습니다. 하지만 그 누구도 모든 예쁜 사람의 성격을 일일이 조사할 수는 없지요. 그럼 얼굴이 예쁘면 성격도 좋다는 말은 어떻게 나온 걸까요? 그저 자기 주변에서 예쁘고 성격 좋은 사람 몇몇을 보고 결론을 내리지 않았을까 싶네요.

자기 주변에 그런 사람이 좀 있다고 해서 예쁘면 성격이 좋다고 결론을 내리는 건 명백한 오류입니다. 하지만 엄연히 예쁘고 성격 좋은 사람이 있긴 하지요. 그렇다면 성급한 일반화의 오류를 피하려면 어떻게 말해야 할까요? '내가 만나 본 예쁜 사람들은 성격이 좋았다.'라고 하면 어떨까요? 이렇게 말하면 자신이 경험한 바를 밝힐 뿐 오류와는 멀어지게 됩니다. 스스로 감당하지 못할 말과 주장은 신중히 하는 편이 좋습니다.

그나저나 지수가 어떻게 됐을지 궁금하네요. 다음 날 리안이 엄마의 일기를 보니 다행히 별일은 아니었던 모양입니다.

엄마의 일기

리안이가 호들갑을 떨어서 걱정했더니, 다행히 지수의 가출은 해프닝으로 끝났다고 한다.

지수가 엄마에게 야단을 맞은 후 인천에 있는 친척 집에 가서 놀다 왔다는 것이다. 공교롭게도 휴대폰 배터리가 떨어졌는데 엄마한테 화가 나서 일부러 연락을 안 했다나.

그래도 그렇지. 제 엄마가 걱정할 건 생각도 안 했는지, 원. 아직 지수는 철이 덜 든 것 같다.

그나저나 지수가 엄마랑 싸운 이유가 잔소리 때문이었다는데, 엄마가 하면 잔소리이고 친구가 하면 충고인 걸까? 결국 잘되라고 한 말일 텐데.

같은 말을 하더라도 누가 하느냐에 따라 다르게 들리기 마련입니다. 부모님이나 선생님이 "공부 열심히 해라." 하면 으레 하는 잔소리로 여기지요? 부모님이니까, 선생님이니까 저런 말을 하는 거야 하며 그냥 무시해 버리기 일쑤일 겁니다. 그런데 똑같은 말을 좋아하는 아이돌 그룹 멤버가 팬 미팅 현장에서 말했다면 진심으로 고개를 끄덕이고 그 말을 따르려 애쓰지 않나요?

이처럼 똑같은 말을 누가 하느냐에 따라 다르게 받아들이는 것 역시 오류의 일종입니다. '정황적 오류'라고 부르는데요, 말의 내용이 아니라 말하는 사람의 상황을 먼저 생각하기 때문에 저지르게 되지요. 이어지는 엄마와 리안이의 대화가 그 예입니다.

엄마	너 요즘 필리핀 애랑 어울린다며?
리안	필리핀 애가 아니라 그 애 엄마가 필리핀 사람인 거죠. 걔는 한국 사람이라고요. 근데 왜요?
엄마	걔는 아무래도 한국에 대해 잘 모르지 않겠니? 집도 가난하지, 그렇지?
리안	가난하면 친구 하면 안 돼요?
엄마	그런 건 아니지만 기왕이면 그냥 한국 애랑 어울리는 게 낫지.

 설마 여러분의 가정에서도 이런 일이 일어나고 있지는 않겠지요? 엄마는 친구가 성격이 어떤지, 둘이 뭘 하면서 노는지, 무슨 재주가 있는지, 서로 잘해 주는지 등은 묻지도 않고 그저 다문화 가정이라는 상황만을 보고 어울리지 말라고 합니다.
 이와 같은 정황적 오류는 정치판에서도 많이 일어납니다. 많은 정치인들이 자신과 당파가 다른 사람의 주장에는 '당신은 그쪽 당파이니까 그렇게 말하는 거야.' 하는 식으로 반응하곤 하지요. 나와 당파가 다른 사람의 주장에는 귀 기울일 필요도 없다는 태도입니다.

사실 우리나라 사람들이 일본을 대할 때도 자주 정황적 오류를 저지르곤 합니다. 일본 사람의 의견이라면 내용을 따져 보지도 않고, 일본 사람의 말은 믿을 수 없다며 무시하는 경우가 그렇지요. 미국을 대할 때는 반대로 적용됩니다. 미국은 대한민국의 오랜 동맹이니 그들이 세우는 정책은 항상 우리나라에 도움이 된다고 생각한다면 이 역시 정황적 오류를 저지르는 겁니다.

그뿐만이 아니지요. 정황적 오류가 무엇인지 안다면 우리 집 부엌에서 벌어지는 분쟁도 손쉽게 해결할 수 있습니다.

아빠   아니, 거참 이해가 안 되네. 설거지는 여
       자가 하는 일 아냐? 왜 자꾸 나한테 시켜?

엄마   어머, 여보! 그게 무슨 말이야. 당신이 남자라고 그렇게 말해
       도 돼? 딸 보기에 부끄럽지도 않아?

이렇게 대화가 이어진다면 엄마 아빠 모두 정황적 오류의 함정에 빠진 겁니다. 말의 내용을 따지는 게 아니라 상대방의 정황, 즉 남자와 여자라는 사실에만 의지해서 말하고 있기 때문입니다. 다시 말해서 여자니까 설거지를 해야 하고, 남자니까 함부로 말한다고 주장하는 것이지요. 하지만 만약에 엄마가 이렇게 말

하면 문제가 달라집니다.

> **엄마**   설거지에 남자, 여자가 어디 있어? 한 사람이 요리하면 다른
> 사람이 설거지하는 거지.

어떤가요? 이 당연하고 합리적인 엄마의 주장에는 아빠가 반박하기 어려워 보이지요? 이제 아빠는 꼼짝없이 고무장갑을 끼고 싱크대 앞에 설 수밖에 없겠네요.

사건 3

성적표를 받다

엄마의 일기

오늘 리안이 학원에 다녀왔다. 학원 선생님은 리안
이 성적이 점점 떨어지고 있다며 걱정을 했다. 짐작
은 했지만 이렇게까지 떨어진 줄은 몰랐는데. 공부
못한다고 아이를 야단치는 건 교육상 좋지 않다고들
한다. 하지만 과연 이번에도 야단치지

않고 넘어갈 수 있을지 사신이 없다. 그래도 일단 오늘은 참자.

리안이의 일기

어젯밤부터 분위기가 이상했다. 엄마가 학원에서 무슨 얘기를 들었
나? 집안 분위기가 냉랭했다. 아마도 성적 때문이겠지, 하고 각오하
고 있었는데 결국 오늘 아침 학교 가기 전에 엄마가 폭발했다.

"리안아, 너 공부 열심히 해야겠어. 학원 가 봤더니 성적이 많이 떨
어졌다고 하더라. 열심히 좀 해야지."

"열심히 해도 잘 안 되는데……. 머리가 나쁜가 봐."

이 말이 실수였다. 엄마한테 또 꼬투리를 잡히고 말았다.

"또 머리 타령이니? 유전자가 나빠서 공부 못한다는 거지, 지금?
네가 공부 열심히 안 하는 건 온 동네가 다 알아. 길을 막고 물어보라.
네가 공부 열심히 하는지 안 하는지."

내가 공부를 안 해서 그런 거라며 엄마가 몰아붙이니까 나도 기분이

확 상해서 일부러 얄밉게 굴었다.

"길이 얼마나 넓은데, 막을 수가 있으려나."

엄마는 눈썹도 까딱하지 않았다.

"하이고, 걱정 마라. 엄마가 다 막고 물어볼 테니까."

어휴, 당분간은 꼼짝 말고 책상 앞에 붙어 있어야 할 것 같다.

엄마는 리안이에게 공부를 열심히 하라고 말했습니다. 이 말에는 특별히 잘못된 점이 없지요. 부모가 자식을 생각하는 마음에서 애정 어린 조언을 건네는 건 당연하니까요. 다 자식의 장래를 걱정해서, 그리고 한창 배워야 할 시기니까 이왕 할 거 열심히 하라고 말하는 것이겠지요.

하지만 엄마가 리안이의 일기에서처럼 말했다면 문제가 생깁니다. 엄마는 리안이에게 공부를 열심히 하지 않는다고 타박했지요. 여기까지도 논리적으로 보자면 큰 문제는 없습니다. 그런데 리안이가 공부를 열심히 하지 않는다는 증거는 무엇인가요?

예를 들어 공부를 하루에 삼십 분밖에 안 한다든지, 혹은 책상 앞에 세 시간을 앉아 있어도 딴짓만 한다든지, 아니면 주의가 산

만하다고 자주 지적당한다든지 하는 이유를 들어야 합니다.

그런데 엄마는 아무런 합리적 이유도 제시하지 않은 채 '길을 막고 물어보라'고 말합니다. 길을 막고 물어본다는 게 무슨 뜻인가요? 아마도 많은 사람들이 리안이가 공부를 열심히 하지 않는다고 생각할 것이라는 뜻이겠지요.

길을 막고 아무한테나 물어봐도 다들 리안이가 공부를 열심히 하지 않는다고 답할 것이다. 따라서 리안이는 공부를 열심히 하지 않는다. 엄마는 이런 식으로 생각했습니다. 합리적인 이유는 빠져 있지요. 오류를 저지른 겁니다.

엄마가 범한 오류를 '군중에 호소하는 오류'라고 부릅니다. 군중이란 '많은 사람'을 뜻합니다. '군중 심리'라는 말을 들어 본 적이 있나요? 바로 그때의 군중입니다. 어떤 주장이 옳은지 그른지 따질 때, 내용을 살피는 게 아니라 다른 많은 사람들의 생각에 의지해서 판단하면 잘못이라는 말입니다.

군중에 호소하는 오류는 일상생활에서 우리가 무언가 선택할 때 흔히 저지르곤 합니다.

리안 너 요즘 학원 어디 다녀?

서윤 응, 창조학원. 왜?

리안   거기 좋아? 잘 가르쳐?

서윤   그럼, 우리 동네에서 학생이 가장 많잖아. 그러니까 좋은 학원
       이지.

리안   오, 정말이야? 그럼 나도 거기 다녀야겠다.

　리안이는 수강생이 많으니까 좋은 학원이라는 서윤이의 설명을 믿고 그 학원을 다니기로 결심합니다. 하지만 이 결심 역시 군중에 호소하는 오류입니다. 학생 수가 많은 학원이라고 해서 무조건 잘 가르치는 좋은 학원은 아니니까요. 실제로 수업 내용은 부실한데 과장 광고를 하거나 이벤트를 내걸어서, 또는 수업과 상관없이 단지 교통이 편한 곳에 자리 잡고 있기 때문에 수강생이 많을 수도 있지 않습니까? 물론 수업을 잘해서 학생이 많을 수도 있지요. 하지만 오로지 학생이 많다는 이유만으로 학원을 선택하는 것은 오류입니다. 다른 예를 더 들어 볼까요? 요즘 극장에서 이런 광고를 흔히 볼 수 있습니다.

　　천만 관객이 선택한 영화. 아직 못 보셨습니까?
　　이제 당신 차례입니다.

다른 이유 없이 너도 나도 봤다는 광고에 혹해서 넘어가면 군중에 호소하는 오류를 저지르는 겁니다. 영화 말고도 비슷한 예는 얼마든지 있지요. 많이 팔린 차가 반

드시 좋은 차는 아니며, 많이 팔린 책이 제일 좋은 책이라는 보장 역시 없습니다. 많은 사람이 샀다고 해서 품질까지 최고라고 생각하거나 나에게도 무조건 잘 맞으리라 본다면 오산입니다.

군중에 호소하는 오류를 조심해야 하는 이유는 역사에서도 찾을 수 있습니다. 20세기 초 독일의 독재자 히틀러는 많은 사람의 지지를 얻고 당선되었습니다. 하지만 파시즘을 바탕으로 한 정책을 펼친 끝에 결국 제2차 세계 대전까지 일으켰습니다. 다소 극단적인 예이긴 하지만 많은 사람이 지지했다고 해서 반드시 좋은 정권이 탄생하는 것은 아니라는 말입니다. 즉 많은 지지가 좋은 정권을 담보하지는 않습니다. 16세기 이전에 많은 사람이 우주의 중심은 지구이고, 모든 천체는 지구의 둘레를 돈다는 천동설이 옳다고 믿었지만 나중에 사실이 아닌 것으로 밝혀지지 않았습니까? 진리는 다수결로 결정되지 않습니다. 우리는 항상 군중에 호소하는 오류를 저지르지 않도록 주의해야 합니다.

그럼 다시 성적 때문에 위기에 빠진 리안이의 이야기로 돌아가 보겠습니다.

리안이의 일기

학교에서 돌아온 뒤 다시 엄마랑 마주쳤다. 나는 엄마 눈치를 보면서 방에 들어가 문제집을 펼쳤다. 하지만 인터넷의 유혹을 뿌리치지 못했다. 학원에 가기 전까지만 하려고 했는데 그만 엄마한테 딱 걸리고 말았다. 엄마가 따끔하게 한마디 했다.

"넌 도대체 누굴 닮아서 공부를 못하니? 엄마는 학교 다닐 때 공부 엄청 잘했어, 어휴."

그놈의 공부, 공부……. 이번에는 내가 엄마의 말꼬투리를 놓치지 않았다.

"외할머니가 그러시던데, 엄마도 학교 다닐 때 공부 못했다며! 반에서 거의 바닥이었다고 하시던데."

"뭐라고? 외할머니가 잘못 아셨네. 엄마가 바닥은 아니었어."

"그럼 몇 등이었어? 나보다 잘했어?"

"그럼, 잘했고말고. 너보다야 잘했지."

"엄마도 공부 못했으면서…….."

"아니, 뭐라고!"

거기까지 하고 학원으로 도망치긴 했는데 괜히 엄마의 신경을 건드렸나 싶어 걱정이다.

많이 들어 봤죠? 아니, 실제로 엄마 아빠랑 해 본 대화라고요? '엄마도 공부 못했으면서 왜 나한테 공부 못한다고 해?' 이런 식으로 말대꾸해 본 친구들이 많을 겁니다.

하지만 이 역시 좋은 대화라고 보기 어렵습니다. 이번에는 무슨 오류가 생겼을까요? 바로 '피장파장의 오류'입니다. 피장파장이라는 말은 '너도 나도 마찬가지'라는 뜻입니다. 예를 들어 동생이 실수로 내 책을 찢었을 때, 화가 나더라도 꾹 참으면서 "괜찮아, 나도 예전에 네 장난감 망가뜨린 적 있잖아. 이제 피장파장이네."라고 말할 수 있지요.

피장파장의 오류는 '너도 나랑 마찬가지인데 그런 말을 하다니, 받아들일 수 없다.'라고 생각할 때 저지르게 됩니다. 엄마가 학교 다닐 때 성적이 좋지 않았다고 해서 자녀에게 공부를 잘하라고 말할 자격이 없어지는 것은 아닙니다. 틀린 말은 아니니까요. 중요한 것은 누가 말했는지가 아니라 무슨 말을 했느냐입니다. 말의 내용이 중요하다는 뜻입니다. 친구가 다음과 같은 식으로 말하면 여러분은 기분이 어떨까요?

민준　야, 너 진짜 못생겼다. 눈은 어디에 있냐? 보이냐, 그렇게 작은 눈으로?

현우　남 말하고 있네. 너는 거울도 안 보냐? 나보다도 못생겨서는.

민준　야, 왜 내가 너보다 못생겼어? 훨씬 낫지.

현우　길을 막고 물어봐라. 누가 더 잘생겼는지.

　잘생겼다, 못생겼다 하는 판단은 상당히 주관적입니다. 사람에 따라 기준이 다르기 때문이지요. 물론 자기가 못생겼다는 말을 들으면 기분이 상합니다. 하지만 마냥 속상해하기보다는 친구가 그렇게 말한 이유가 무엇인지 조목조목 따져 묻는다면 어떨까요? 그러면 친구가 생각을 바꿀 수도 있고, 또는 친구가 무례해 보이는 말을 내뱉은 까닭을 알게 될 수도 있습니다. 욱하는 기분으로 너도 못생겼는데 왜 그런 소리를 하느냐고 대꾸해 봤자 피장파장의 오류나 저지르게 될 뿐 별다른 소득은 없습니다. 앞선 대화처럼 말이지요.

그리고 이 대화에서 길을 막고 물어보라는 말이 또 나왔지요? 이 역시 앞서 말한 '군중에 호소하는 오류'를 저지른 예입니다.

피장파장의 오류는 역사적 사건에서도 찾아볼 수 있습니다. 조선이 처음 세워지던 무렵에는 정치 세력 사이에서 다툼이 끊이지 않아 많은 피가 흘렀습니다. 고려를 받들던 신하 정몽주가 피살된 일부터 조선 개국의 일등 공신이었던 정도전과 왕자들의 죽음까지, 비극적인 사건이 연달아 일어났지요. 한쪽이 다른 쪽을 무참하게 죽이면 당한 쪽 역시 기회를 엿보다 똑같이 보복했습니다. 폭력에 폭력으로 대응하면서 이들은 모두 '피장파장'이라고 말했습니다. 당신들도 폭력을 휘둘렀으니 우리를 탓할 수 없다는 의미였지요. 하지만 이렇게 피장파장이라는 논리를 내세우면 피로 물든 보복은 영원히 끝나지 않을 겁니다.

상대방이 폭력을 사용했으니까 나도 폭력으로 복수해도 된다는 논리는 인정받을 수 없습니다. 누가 사용하든 폭력은 그릇된 수단이기 때문입니다. 피장파장이기에 괜찮다는 생각은 분명한 오류입니다.

전쟁도 폭력의 한 형태로 볼 수 있습니다. 여러분, 한자에 '武'라는 글자가 있는데 본 적 있나요? '무'라고 읽는데, 무기라든가 무력이라는 말에 쓰이지요. 그런데 이 한자의 유래가 의미심장합니다. 창을 뜻하는 글자 '과(戈)'와 멈춘다는 뜻을 지닌 글자 '지(止)'가 합쳐진 것이거든요. 글자 뜻을 풀어 보자면 '창을 멈추게 하는 것이 바로 무력'이라는 겁니다. 창을 멈추게 한다니, 전쟁을 일으키는 것과 정반대이지요. 이렇듯 원래 무력이란 남을 공격하는 게 목적이 아니라 자신을 지키는 게 목적입니다.

논리도 이와 마찬가지입니다. 논리로 정신을 무장하는 것은 남을 공격하기 위해서가 아닙니다. 혹시 모를 위험에 빠지지 않기 위해서이고, 어쩔 수 없이 위험에 빠졌을 때 자기 자신을 구하기 위해서입니다. 이처럼 자신을 지키기 위해서라도 평소에 논리력을 차근차근 쌓아 두어야겠지요.

사건 4

책 읽는 리안이

리안이의 일기

　오늘 지수네 집에 놀러 갔다 왔다. 지수 동생 지빈이가 이솝 우화 「양치기 소년」을 읽고 있어서 잠깐 들춰 봤다. 내용은 알고 있었지만 솔직히 말해 책으로 읽은 건 처음이다. 늑대가 나온다고 거짓말을 해서 번번이 마을 사람들을 골탕 먹이던 양치기 소년. 그런데 어느 날 진짜 늑대가 나타난다. 소년은 사람들에게 도와 달라고 외쳤지만 마을 사람들은 이번에도 장난인 줄 알고 도와주지 않았다. 결국 늑대는 마음놓고 양을 잡아먹었다. 이 우화의 교훈은 거짓말하지 말라는 것이다.

양치기 소년이 안됐다는 생각이 든다. 지빈이는 "나도 지금처럼 놀아 놓고 공부했다고 거짓말하지 말아야지."라고 감상문을 써 놓았다. 나도 어렸을 땐 그렇게 썼는데. 지빈이가 새삼 귀여웠다.

여러분도 어렸을 때 「양치기 소년」을 읽고 비슷한 교훈을 얻었나요? 일단 일기 내용대로 지빈이가 거짓말하지 말아야겠다는 교훈을 깨달은 것은 자연스러워 보이네요. 그런데 혹시 이 우화에 오류가 숨어 있지는 않나요? 마을 사람들은 양치기 소년을 거짓말쟁이로 여겼습니다. 이것은 '성급한 일반화의 오류'일 수도 있습니다. 양치기 소년이 정확히 몇 차례나 거짓말했는지는 알수 없지만, 마을 사람들이 충분히 관찰하지 않은 채 거짓말쟁이라고 못을 박았을지도 모르니까요. 성급한 일반화의 오류인지 아닌지는 이름이 말해 주듯 얼마나 많은 사례를 보고 결론을 내렸느냐에 달려 있습니다.

다시 이야기로 돌아와 보면, 마을 사람들은 양치기 소년을 거짓말쟁이로 여겼기에 실제로 늑대가 나타났을 때 아무도 도와주지 않았습니다. 마을 사람들의 이러한 결정은 타당할까요? 결국 양치기 소년이 소중한 양들을 잃은 결말을 생각해 보면 그렇다고 답하기가 쉽지 않지요. 하지만 결말을 알지 못하는 상황이라도 '거짓말쟁이라고 해서 매번 거짓말만 할까?'라는 의문은 품어 봄 직합니다. 물론 평소 거짓말을 자주 했다면 쉽사리 믿기 어렵겠지요. 하지만 '쟤는 원래 거짓말쟁이잖아. 그러니까 무슨 말을 하든 절대 믿을 수 없어.'라고 판단했다면 '인신공격의 오류'를 저지른 것입니다.

인신공격의 오류란 누군가가 주장하는 내용으로 판단하는 게 아니라 그 사람의 인격, 평판, 과거 등에 선입견을 품고 공격할 때 나타납니다. '그는 원래 사기꾼이야. 그러니 그가 한 말을 어떻게 믿겠어?' 바로 이렇게요. 아무리 사기꾼이라도 진실을 말할 수 있는데 무조건 믿지 않는 것은 잘못입니다.

『에밀』이라는 책을 들어 본 적이 있나요? 루소라는 프랑스의 철학자가 썼는데요, 교육을 주제로 한 고전입니다. 주입식 교육을 비판하고 어린이를 어린이로서 대우하라는 주장을 담았는데, 교육에 관심 있다면 한 번쯤 읽어 보아야 할 책이지요.

그런데 이 책을 쓴 루소는 정작 자기 자식들은 고아원에 보냈습니다. 어떻습니까? 자식을 고아원에 보내 버린 사람이 쓴 교육서라니, 과연 그 내용을 믿을 수 있을까요? 그런데 여기서 루소가 자식을 고아원에 보낸 사람이니 그가 쓴 교육서를 읽어서는 안 된다고 주장하면 인신공격의 오류가 됩니다.

루소가 가명으로 이 책을 냈다고 가정해 봅시다. 사람들은 글쓴이가 누구인지 잘 모르는 채로 책을 읽겠지요. 내용이 아주 훌륭해서 널리 읽히는 책이 되었습니다. 그런데 나중에야 글쓴이가 자식을 고아원에 보냈다는 게 밝혀집니다. 그러면 책의 훌륭한 내용도 몽땅 버려야 할까요? 그렇지 않겠지요. 우리가 책의 가치를 제대로 판단하려면 저자의 삶이 아닌 책 내용을 보고 자기 나름대로 기준을 세워야 합니다.

인신공격의 오류는 외교에서도 벌어질 수 있습니다. 예를 들어 어느 나라 대통령이 학창 시절에 낙제한 적이 있다고 칩시다. 비록 낙제를 했지만 이후에 훌륭한 경력을 쌓아 대통령이 되었다고 말입니다. 그런데 그 대통령이 공식 석상에서 다른 나라에 대해 얘기하면서 그만 말실수를 했습니다. 모욕을 당한 나라의 입장에서야 항의하는 것이 당연하지만, 만약 그 대통령은 역시 낙제생이라서 상식이 부족하다고 비난한다면 이는 인신공격의 오류를 저지르는 것입니다. 발언 중 어디가 잘못되있는지 조목조목 논리적으로 밝혀야지, 낙제생이라 아는 것이 없다고 대통령을 깎아내린다면 비논리적인 비난일 뿐입니다.

지빈이가 「양치기 소년」을 읽고 독후감을 쓴 날, 지빈이네 아빠는 지빈이가 책만 읽는다고 걱정하는 마음으로 일기를 썼습니다.

아빠의 일기

요즘 지빈이가 책을 열심히 읽는 모양이다. 거의 매일 자기가 읽은 책에 대해 들려준다. 오늘은 『이솝 우화』를 읽었단다. 책을 열심히 읽는 것도 좋지만 저렇게 매일 책만 들여다보고 있으면 공부는 언제 하나 걱정되기도 한다. 저러다 혹시 공부에 흥미를 잃는 것은 아닐까.

독서도 중요하지만 역시 학교 공부를 잘해야 대학도 잘 가고 먹고사는 게 편할 텐데. 너무 책에 빠져서 학교 공부를 소홀히 하지 않았으면 하는 게 솔직한 바람이다.

아빠의 걱정이 이만저만 아닌 게 일기에서도 느껴지네요. 지빈이가 학교 공부는 뒷전으로 미루고 책만 읽을까 봐 마음을 졸이고 있습니다. 그런데 아빠의 생각을 가만히 살펴보면 오류를 발견할 수 있습니다. 책을 읽으면 학교 공부를 안 하는 것이라는 아빠의 생각을 잠시 뜯어볼까요?

물론 너무 열심히 책만 읽으면 학교 공부에 지장을 줄 수 있겠지요. 하지만 무슨 일이든 지나치게 열심히 하면 부작용이 있기 마련입니다. 운동도 너무 열심히 하면 오히려 몸에 해롭고, 엄마 말씀도 시키는 대로 마냥 따르기만 하다 보면 자기 생각이라고는 없는 마마보이가 되고 말지요. 그러니 아주 지나친 경우는 제외하고 지빈이네 아빠의 생각을 들여다봅시다.

아빠는 책 아니면 학교 공부로 나누어 생각하는 모양입니다. 독서와 학교 공부를 동시에 할 수 없다고 생각하니까 지빈이가 책을 열심히 읽는 걸 걱정하는 거지요. 하지만 과연 그럴까요? 주변에 성적이 좋으면서 책도 많이 읽는 친구가 전혀 없습니까? 지빈이네 아빠는 어떤 상황을 흑과 백, 두 가지밖에 없는 것으로 생각하는 '흑백 사고의 오류'에 빠진 겁니다.

흑백 사고의 오류는 특히 부모님들이 자주 저지르곤 합니다.

아빠   너 공부 그렇게 안 하고 만날 놀면 나중에 거지 된다.

수민   왜 거지가 돼요? 공부 못해도 다 살아갈 방법이 있어요.

아빠   공부 못하면 거지밖에 더 되냐. 정신 좀 차려라.

수민   나 참, 아빠랑은 말이 안 통해.

아빠   이놈아, 공부 잘하면 의사나 변호사 되는 것이고 공부 못하면

거지 되는 거야.

여러분도 이제 짐작이 가지요? 이 대화에서 수민이네 아빠는 흑백 사고의 오류를 저지르고 있습니다.

공부는 잘하는 것과 못하는 것 두 가지밖에 없다.

공부 잘하면 의사나 변호사가 되고, 못하면 거지가 된다.

정리하자면 이런 사고인 것이지요. 그런데 과연 공부는 잘하거나 못하거나, 이 두 가지 길밖에 없습니까? 그렇지 않지요. 공부를 잘하는 학생이 있으면 못하는 학생이 있고, 그저 그런 중위권 학생도 있습니다. 따라서 공부를 잘하는 학생과 못하는 학생, 두

부류로만 나누는 것은 잘못입니다. 성적뿐만이 아니지요. 잘생긴 사람과 못생긴 사람 외에 평범하게 생긴 사람도 있습니다. 공부든 외모든, 평범한 사람이 훨씬 많은 법입니다.

그런데 앞선 대화에서 수민이네 아빠의 말을 다시 한 번 되새겨 봅시다. 아빠는 공부를 못하면 거지가 된다고 했습니다. 좀 심하다는 느낌이 들지 않습니까? 당연하지만 공부를 못한다고 죄다 거리에서 구걸을 하게 되는 건 아니니까요. 아마 아빠도 모르지는 않겠지만, 그럼에도 거지라는 말을 사용했습니다. 거지라는 말을 듣고 수민이가 느낄 공포를 이용해서 자극을 주려던 겁니다. 공부 못하면 거지 된다는 말은 학생들에게 두려움을 줄 수 있으니까요. 한데 공포를 이용하려 하는 것 또한 오류입니다.

어렸을 때 자꾸 울면 귀신이 잡아간다는 말 듣지 않았나요? 이 역시 공포에 호소하는 방법입니다. 계속 울면 무서운 일이 일어난다는 말이니까요. 이런 방식은 '공포에 호소하는 오류'의 전형적인 예입니다. 앞선 대화에서 수민이네 아빠가 거지라는 말을 쓴 것도 '공포에 호소하는 오류'이지요. 결국 아빠는 공부 좀 하라고 말하려다가 흑백 사고의 오류와 함께 공포에 호소하는 오류도 같이 저지르고 말았습니다.

이처럼 한 번에 두 가시 이상의 오류를 동시에 저지를 때도 꽤 많습니다. 그러니까 오류를 하나 발견했다고 해서 방심하면 안 됩니다. 오류는 곳곳에 숨어 있거든요.

흑백 사고의 오류에 대해 좀 더 이야기해 볼까요? 사실 이 오류는 아주 흔합니다. 아마 세상을 단순히 둘로 나누어 생각하는 게 편해서가 아닐까 싶습니다. 간단하잖아요? 둘 중 하나. 이것 아니면 저것. 또 다른 이유는 모든 일을 자기한테 유리한 쪽으로 해석하고 싶은 욕심 때문일지도 모르겠습니다. 이어지는 대화에서는 조금 안타깝긴 하지만, 민준이가 좋은 예를 보여 줍니다.

민준   너, 나 싫어하냐?

지수   아니, 싫어하진 않아. 왜?

민준   그럼 좋아하는 거네.

지수   뭐라고? 좋아하지도 않거든. 아무 감정도 없어.

민준   진짜? 싫어하지 않으면 좋아하는 거잖아.

지수   너, 진짜 이럴래!

민준이가 저지른 흑백 사고의 오류는 여러분도 쉽게 파악할 수 있겠지요? 싫어하지 않으면 곧 좋아하는 것이라고 생각했으니까요. 좋음과 싫음 사이에는 아주 다양한 감정이 존재할 뿐만 아니라 아예 아무런 감정이 없을 수도 있습니다.

흑백 사고의 오류의 유명한 예로 이슬람과 관련된 것이 있습니다. "한 손에는 코란, 다른 손에는 칼."이라는 말을 들어 본 적 있습니까? 무슨 뜻인가 하면, 이슬람을 믿든가 목숨을 내놓든가 둘 중 하나라는 말입니다. 즉, 이슬람은 종교와 목숨 중 하나를 고르라고 강요한다는 것이죠.

이 짧은 말에는 두 가지 오류가 숨어 있습니다. 첫 번째는 바로 흑백 사고의 오류입니다. 인간 생활에서 이슬람을 믿든지 죽음을 각오하든지 딱 두 가지밖에 선택지가 없을까요? 그냥 원래 믿던 종교를 유지하는 방법도 있지 않겠습니까. 또 어떤 종교도 믿지 않을 수 있고요. 두 가지밖에 선택지가 없다고 단정 짓는 건 흑백 사고의 오류입니다.

두 번째는 협박 혹은 공포에 호소하는 오류입니다. 만약에 위의 말을 이렇게 바꾸면 어떨까요? "한 손에는 코란, 다른 손에는 황금." 이렇게 고쳐 놓으니 무시무시하지는 않네요. 역시 문제가 되는 건 바로 칼이었군요. 칼이 들어가는 순간 죽음과 연결되니까요. 따라서 원래의 말에는 공포에 호소하는 오류도 숨어 있습니다. 이성적이고 합리적으로 설득하지 않고 공포를 불러일으켜서 종교를 강요하려는 것이지요.

그런데 이쯤에서 가장 중요한 한 가지 오류를 더 바로잡아야겠습니다. "한 손에는 코란, 다른 손에는 칼."이라는 말 자체가 이슬람의 실제 교리와는 거리가 멀거든요. 이 말을 한 사람은 13세기 이탈리아의 유명한 신학자 토마스 아퀴나스로 알려져 있는데, 십자군 전쟁에서 패배한 뒤 일부러 이슬람을 깎아내리려고 이런 말을 했다고 추측됩니다. 실제로 이슬람은 다른 종교를 너그럽게 받아들이는 편입니다. 예를 들어 외국인이 이슬람 국가에 이민을 간다고 했을 때 전에 살던 나라에서 믿던 종교를 그대로 믿는 것이 허용되었습니다. 다만 종교에 따라 내야 할 세금이 약간 달라질 뿐이었지요. 이렇게 널리 알려진 말이라도 종종 거짓으로 밝혀지는 경우가 꽤 많습니다. 한 가지 더 들려줄게요.

미국의 초대 대통령 조지 워싱턴에 관한 이야기입니다. 어린 시절 도끼로 벚나무를 잘라 버린 워싱턴이 아버지에게 솔직하게 자기 잘못을 고백했다는 일화를 들어 보았나요? 정직에 대해 얘기할 때 자주 등장하는 사례입니다.

그런데 워싱턴과 벚나무에 얽힌 이 이야기는 사실이 아닙니다. 당시 메이슨 로크 윔스라는 목사가 쓴 워싱턴의 전기에 이 일화가 처음 등장했는데, 실은 윔스가 워싱턴의 영웅적인 면을 강조하려고 지어냈다는 겁니다. 어릴 때부터 남다른 면모를 보였던 독립 영웅이라니 얼마나 멋있습니까? 그 덕에 윔스가 쓴 전기는 베스트셀러가 되었습니다. 사실 워싱턴은 거짓말을 적당히 이용할 줄도 아는 사람이었다고 합니다. 예를 들어 전투에서 병사들의 사기를 높이기 위해 적군의 사상자 수를 부풀려서 알리는 식으로 말입니다.

물론 워싱턴은 미국이 독립하는 데 큰 공을 세웠습니다. 또한 사소한 일에도 정직해야 한다는 교훈 역시 옳은 말입니다. 하지만 위인과 관련되어 있고, 좋은 교훈을 담고 있다고 해서 전제가 되는 이야기가 무조건 사실인 것은 아닙니다. 이제 무엇이든 믿기 전에 의심해 볼 필요가 있다는 것을 새삼 알겠지요?

논리로 무장한 다음에 역사적 사건을 다시 보면 새로운 사실을 알 수 있습니다. 논리는 오늘의 일상부터 정치, 사회 문제는 물론이요 오래전에 벌어진 역사적 사건도 정신 차리고 새로운 시선으로 봐야 한다는 교훈을 줍니다.

사건 5

죽고 싶다고 말한 적 없어요!

리안이의 일기

아, 정말 억울하다. 엄마가 오늘 이상하다. 왜 내가 하지도 않은 말을 했다고 괴롭히지? 도저히 이해가 가지 않는다. 나는 엄마가 물어봐서 대답했을 뿐이다. 엄마는 분명히 이렇게 물었다.

"리안아, 요즘 학교생활 어떠니?"

"그냥 힘들어."

내 대답이 어디가 이상했나? 갑자기 엄마가 막 화를 냈다.

"얘! 뭐라고? 학교 다니는 게 힘들어? 죽을 맛이라 이거지? 너 그렇게 엄마 앞에서 죽겠다는 말 함부로 하는 거 아냐!"

나 참, 내가 언제 그런 말을 했다고. 그냥 학교생활이 힘들다고 했을 뿐인데. 왜 엄마는 하지도 않은 말을 지어내서 야단을 치지? 오늘도 억울할 뿐이다.

리안이가 많이 억울하겠네요. 그렇게 말한 적도 없는데 엄마가 죽고 싶다고 하면 안 된다고 윽박질렀으니 말이에요. 여러분도 이런 일을 한 번쯤 겪어 봤을 겁니다.

리안이 엄마처럼 하지도 않은 말을 했다고 하면서 그것을 공격하는 오류를 '허수아비 공격의 오류'라고 합니다. 허수아비는 가짜 사람입니다. 마치 진짜처럼 꾸며 놓았지만 실제로 살아 숨 쉬는 인간은 아니지요. 그런데 이런 허수아비를 실제 사람으로 알고 재판에 넘긴다면 웃음거리가 될 겁니다. 허수아비 공격의 오류란 이렇듯 실제로 존재하지 않는 무언가를 자신이 트집 잡기좋게 만들어 놓고 공격하는 것을 가리킵니다.

진화론과 창조론에 대해 알고 있나요? 사람들은 오래전부터 인간이 진화의 결과인가 아니면 신이 창조한 결과인가를 두고 치열하게 논쟁을 벌여 왔습니다. 어느 쪽이 옳은지 분명하게 결론이 나지는 않았지요. 진화론자는 창조론이 증명조차 불가능하다고 반박하고, 창조론자는 진화의 증거가 될 만한 생물의 화석이 적다는 점을 지적하기도 합니다. 어쨌든 우리는 보통 진화론자가 인간의 조상이 원숭이라고 주장한다고 알고 있습니다. 그런데 이 생각은 큰 잘못입니다. 진화론에서는 그렇게 주장한 적이 없거든요.

진화론은 단지 인간도 진화의 결과라고 주장할 뿐 원숭이가 진화해서 인간이 되었다고는 하지 않습니다. 그런데 창조론자들이 진화론을 공격할 핑계를 찾으려고 원숭이에서 인간이 진화한 거냐고 물은 겁니다. 진화론자는 그런 말이 아니라고 했지만 아직도 많은 사람이 진화론은 원숭이를 인간의 조상으로 여기는 줄 알고 있습니다. 창조론자가 진화론에 가한 공격이 전형적인 허수아비 공격의 오류입니다. 실제로 진화론자는 원숭이와 인간이 같은 조상에서 진화된 사촌 사이라고 생각하고 있습니다.

진화론이니 창조론이니 했지만 사실 자기한테 유리한 사실을 지어내는 허수아비 공격의 오류는 우리가 자주 저지르는 잘못입니다.

지수 너 그러면 안 되지. 친구 사이에 만 원도 안 빌려 주냐.

리안 무슨 소리야?

지수 너 혜진이랑 친구라며. 그런데 걔한테 돈 만 원도 안 빌려 주냐고.

리안 무슨 소리야. 나 걔랑 친구 아니야.

지수 야, 너 혜진이 알잖아. 그리고 같은 학원 다닌다며. 그럼 친구지.

리안 내가 언제 걔랑 친구라고 한 적 있어? 그냥 아는 사이야. 내가 전에도 그렇게 말했잖아.

리안이는 혜진이와 아는 사이라고 말했을 뿐 친구라고 한 적은 없습니다. 그런데 지수는 아는 사이라고 한 것을 친구 사이로 만들어 놓았습니다. 그러고는 친구한테 만 원도 안 빌려 준다고 리안이를 비난하네요. 리안이를 비난하기 위해 그냥 아는 사이를 친구로 바꿔 버린 겁니다. 이 또한 허수아비 공격의 오류를 저지른 예이지요. 게다가 친구 사이라고 꼭 돈을 빌려 줘야 하는 것도 아니고요.

앞서 살펴봤던 오류들도 마찬가지지만 사람들은 남을 공격하기를 좋아하는 것 같습니다. 하지도 않은 말, 하지도 않은 행동을 마치 했다는 양 감쪽같이 꾸며서 공격하니 말입니다. 그것도 자기한테 유리한 쪽으로 만들어 놓고 공격하지요. 리안이네 선생님도 없는 일 지어내는 데 일가견이 있는 모양입니다.

> **선생님** 리안아, 너 휴대폰 만지고 있었지? 넌 왜 만날 전화기만 주물럭거리면서 시간을 낭비하니? 스마트폰 중독은 심각한 문제야. 하루에 세 시간씩이나 스마트폰을 가지고 놀면 공부는 언제 하니, 응?
>
> **리안** 선생님, 저 스마트폰 없는데요. 휴대폰은 있지만 2G라서 잠깐씩 통화밖에 안 해요.

　　선생님은 리안이가 스마트폰을 갖고 있다고 짐작하고는 스마트폰 중독에 대해 한참 훈계했습니다. 하지만 리안이의 휴대폰은 오래전 모델이었습니다. 별다른 기능이 없는 휴대폰에 중독되기는 참으로 어렵겠지요. 선생님은 제대로 살펴보지도 않고 리안이의 휴대폰이 스마트폰이라고 몰아붙였던 겁니다. 그래야 공격하기 쉬우니까요.

허수아비 공격의 오류와 비슷한 것으로 '의도 확대의 오류'가 있습니다. 두 가지 오류는 닮은 점이 있습니다. 없는 것을 만들어 내서 공격하는 것은 허수아비 공격의 오류이고, 말하는 사람의 뜻을 과장해서 받아들이는 것은 의도 확대의 오류입니다. 때때로 의도 확대의 오류가 발전해 허수아비 공격의 오류가 되기도 합니다. 이어지는 대화에서 지훈이가 여자 친구 서윤이에게 말할 때 어떤 오류를 저지르는지 유심히 살펴봅시다.

서윤 우리 조금 떨어져 있자.

지훈 왜? 무슨 일 있어?

서윤 아니, 그런 건 아니고 그냥 좀 쉬었다가 보자고.

지훈 내가 싫어진 거구나. 그렇지? 다른 사람이 생긴 거지?

서윤 아니라니까. 잠깐 각자 시간을 갖자는 거야. 다른 뜻은 없어.

지훈 그럴 리 없어. 분명 딴 남자가 생긴 거야. 그래서 헤어지자는 거잖아.

잠깐 쉬었다가 만나자는 말을 다른 사람이 생겼으니 헤어지자는 뜻으로 받아들였기 때문에 대화가 꼬이고 있습니다. 말하는 사람의 의도를 확대해서 받아들인 것이지요. 물론 서윤이가 진짜로 자기 마음을 숨기고 돌려 말한 것일 수도 있지만, 이 대화가 원활하게 진행되지 못한 책임은 우선 서윤이의 의도를 제대로 읽지 못한 지훈이에게 있습니다.

자신의 생각을 중심에 놓고 매사를 바라보는 사람이 의도 확대의 오류를 저지르는 것 아닐까요? 어려운 이야기라고요? 아닙니다. 쉬운 이야기입니다. 자기를 기준으로 세상을 본다는 말은 결국 모든 일을 자기 맘대로 생각한다는 뜻이거든요.

여자 친구가 잠깐 쉬었다가 만나자고 하면 이유가 무엇인지 물어보고 상대방의 의도를 있는 그대로 파악하는 것이 먼저입니다. 그런데 그러지 못하고 자기가 생각하고 싶은 대로 받아들이기 때문에 상대방의 의도를 확대 해석해 버리는 겁니다. 이렇게 의도 확대의 오류를 저지르는 사람 앞에서는 어떤 이야기도 하기 어렵지요.

수민 선생님, 전 담배가 정말 몸에 해로운지 의심이 들어요.

선생님 아니, 왜? 담배가 몸에 해롭다는 건 누구나 알고 있잖아.

수민 저희 할머니는 담배를 많이 피우시지만 아흔 살이 넘으셨는데도 정정하시거든요. 그래서 의심돼요.

선생님 어쭈, 이 녀석이. 그래서 너도 담배 피우겠다는 거야?

　아이고, 선생님도 참. 여기서 선생님은 의도 확대의 오류를 피하지 못했습니다. 담배가 몸에 해롭다는 주장이 의심된다는 수민이의 말을 담배를 피우겠다는 뜻으로 확대 해석했으니까요. 한번 이런 일이 일어나면 다음부터는 학생들이 선생님께 어떤 얘기도 터놓고 하기 어려워질 겁니다.

　의도 확대의 오류는 의사소통에서 제대로 듣는 게 얼마나 중요한지 알려 줍니다. 상대방의 주장을 있는 그대로 받아들이고 최대한 호의적으로 해석해야 오류를 피할 수 있기 때문이지요. 자기 생각만 앞세우거나 애초부터 악의를 품은 채 듣는다면 상대의 의도를 있는 그대로 받아들일 수 없습니다. 허수아비 공격의 오류도 마찬가지입니다. 하지도 않은 말을 만들어 내는 것은 상대방의 말을 제대로 들을 마음이 없다는 뜻입니다. 제대로 듣는 일은 상대방의 주장을 논증으로 만들기 위한 필수 조건입니다.

　논증을 구성할 때 없는 말을 지어내거나 의도를 마음대로 확대해서 해석하면 논리는커녕 싸움을 부를 뿐입니다. 쓸데없는 싸움을 피하려면 제대로 말할 줄 아는 것은 물론, 제대로 들을 줄 알아야 합니다.

사건 6

그 학교 원래 깡패 학교야

선생님의 일기

오늘 학교가 발칵 뒤집혔다. 우리 학교 아이들이 옆 학교 아이들과

싸워서 몇 명이 크게 다쳤단다. 교장 선생님은 그 학교 학생들이 원래

문제라고 연신 말씀하시며 분개하셨다. 왜 얌전히 집에 가는 우리 학

교 아이들한테 시비를 걸어 돈을 뜯어내느냐는 것이다. 그리고 우리

아이들만 맞았다고 더 분해하셨다.

교사로서 나도 참 마음이 아팠다. 아직 어린 학생들이 어쩌다 그렇게 크게 싸우게 됐는지. 같은 학생들끼리 돈을 뜯으려 했다는 것도 기막히다. 도대체 그런 건 누구한테 배웠을까? 역시 어른들의 잘못인가.

그런데 교장 선생님께서 그 학교는 설립 당시부터 깡패 학교였다고, 거기 학생들과는 아예 상종해서는 안 된다고 말씀하셨다. 그렇게까지 말씀하시다니 좀 놀랐다.

학생들 사이에 싸움이 벌어져서 한 학교의 학생들이 일방적으로 얻어맞고 돈을 뺏겼습니다. 이에 교장 선생님이 화가 나셨고, 옆 학교는 세워질 때부터 깡패 학교였다는 말까지 하셨네요.

교장 선생님의 심정은 충분히 이해됩니다. 학생들이 맞고 왔으니 얼마나 속상하겠습니까. 하지만 '그 학교는 원래 깡패 학교다. 그러니까 지금 다니는 학생들도 죄다 깡패다.' 이런 식으로 생각해도 괜찮을까요? 아니죠. 오류입니다. 이런 오류를 가리켜 '발생학적 오류'라고 부릅니다. 이름이 조금 어려워 보이는군요.

발생이라는 말은 무언가가 생겨난다는 뜻입니다. 즉 발생학적 오류를 풀어서 설명하자면, 처음 생겨났을 때의 성질이 계속해서 바뀌지 않는다고 생각해 저지르는 오류를 말합니다.

'개구리 올챙이 적 생각 못 한다.'라는 속담을 알고 있지요? 이 속담은 힘들었던 예전의 처지를 잊고 잘난 체하면 안 된다는 의미를 품고 있습니다. 하지만 다 자란 개구리가 올챙이였을 때의 성질을 잃어버리는 일은 자연스럽습니다. 즉, 개구리가 올챙이 적 생각을 못 하는 건 발생학적 오류가 아닌 셈입니다. 그렇다면 어떤 생각이 발생학적 오류일까요?

나는 올챙이 시절에 물속에서만 살았다. 그리고 높이 뛰지도 못했다.

그래서 개구리가 된 지금도 물속에서만 살고 점프도 못한다.

다소 억지스럽지만 만약 이렇게 생각한다면 발생학적 오류를 저지른 셈입니다.

앞서 교장 선생님이 말한 옆 학교도 실제로 처음 세워졌을 때는 폭력을 휘두르는 학생들이 많이 있었을지도 모릅니다. 물론 이때 깡패 학교라는 말도 당시의 소문이었을 가능성이 크지요. 일부 학생이 깡패 짓을 했다고 해서 그 학교 전체를 깡패 학교라고 낙인찍는 태도에서는 성급한 일반화의 오류가 엿보이니까요.
하지만 만에 하나 실제로 깡패 학교였다고 하더라도 지금까지
그렇다고 말할 수는 없습니다. 우리나라 역사를 예로 들어 설명
해 보지요. 한국 전쟁 직후의 우리나라는 무척이나 가난했고 정
치적으로는 군인들이 힘으로 다스리던 독재 국가였습니다. 하지
만 그렇다고 지금도 가난한 독재 국가라고 말할 수 있을까요? 원
래 못사는 독재 국가였으니까 지금도 마찬가지라고 주장한다면
바로 발생학적 오류를 저지르는 겁니다. 이어지는 대화에서 리안
이 엄마도 발생학적 오류를 피하지 못했습니다.

리안 엄마   여보, 지수 아빠랑 어울리지 마. 그 집안이 대대로 술고
            래래.

리안 아빠   그렇다고 만나지 말라는 거야? 그 친구는 술 안 마셔.

리안 엄마   그래도 집안 내력이 있잖아. 술고래 집안은 나중에라도
            마시게 되어 있다고.

리안 아빠   지수 아빠는 술 안 마신다니까.

리안 엄마   어쨌든 술 지나치게 먹는 사람이랑 어울리는 건 안 좋아.

주량이 어느 정도 유전에 영향을 받는 건 사실이긴 합니다. 하

지만 술을 잘 마시는 집안 출신이면 전부 술을 좋아하고 많이 마실 거라고 단정해도 될까요? 집안 내력과 달리 술을 못 마시는 사람도 있을 테고, 애초에 술을 먹기 싫어하거나 마시다가 끊은 사람도 있을 수 있습니다. 그러니 원래 술을 좋아하게 타고났으니 많이 마실 거라고 생각한 엄마는 오류를 저지른 셈입니다.

리안이 엄마처럼 생각한다면 조선 시대 노비였던 집안에는 지금까지도 노비의 습성이 남아 있고, 역적이었던 집안에는 지금도 역적의 기운이 이어진다고 할 수 있겠네요. 이렇게 생각해 보니 오류라는 사실이 분명해지지요?

이쯤에서 다시 학교에서 벌어진 폭력 소동으로 돌아가 볼까요? 큰 싸움이 있었으니 그냥 넘어갈 수는 없고 처벌이 뒤따를 겁니다. 게다가 불같이 화가 난 교장 선생님이 가만히 있을 리 없고요. 결국 가해 학생의 어머니가 학교로 불려 왔습니다.

담임 어쩔 수가 없습니다. 정학 처분을 피하기 어려울 것 같아요.

어머니 우리 애가 잘못한 건 알지만, 사정을 좀 봐주세요. 학교 청소나 봉사 활동 정도로 끝내 주시면 안 될까요?

담임 그러기에는 일이 너무 커졌어요.

어머니   애 아버지는 지금 다쳐서 누워 있어요. 하루하루 겨우 벌어먹
         고 사는데…… 우리 애가 유일한 희망이에요.

담임   어머님 사정은 잘 알겠지만 그래도 처벌을 피할 수는 없을 것
         같습니다.

어머니   불쌍한 우리 집 형편을 다시 한 번 생각해 주세요.

　잘못은 했지만 집안 형편이 어려우니 선처해 달라는 어머니의
애원이 절절합니다. 물론 사정을 헤아릴 수는 있겠지만, 엄격하
게 따지면 잘못된 논리입니다. 이 가해 학생에게 폭행을 당한 학
생의 입장에서는 어림도 없는 소리겠지요.

　이처럼 불쌍하다고 느끼는 감정, 즉 연민에 호소해서 자기주장
을 관철시키려는 잘못된 사고방식을 '연민에 호소하는 오류'라고
부릅니다. 어느 반장 선거에서 후보 중 한 명이 자기는 집이 가난
하고 매우 힘든 환경에서 학교를 다니고 있다고 아이들에게 강
조했습니다. 결국 불쌍하니 뽑아 달라는 것이지요. 불쌍한 사람
을 돕는 마음에서 반장으로 뽑아 달라고 하면 이 역시 연민에 호
소하는 오류를 저지르는 겁니다. 당연하지만 반장은 학급을 잘
이끌어 갈 능력이 있는 사람이 되어야겠지요. 불쌍한 사정과 반
장 역할을 잘 수행하는 것은 상관이 없으니까요. 하지만 살다 보

면 감정이 이성을 앞서는 경우도 있고, 사람이란 감정 앞에서는 약한 법이라 이런 오류에 넘어가기도 합니다.

논리를 다룰 때 감정에 대해 말을 꺼내기란 조금 부담스러운 것이 사실입니다. 어떻게 사람이 논리만으로 사느냐고 물으면 특히 그렇지요. 사람도 감정의 동물인데 너무 논리, 논리 하면 정이 없어 보이고 인간미가 떨어진다는 겁니다. 물론 그런 점이 있긴 합니다. 앞서 가해 학생의 경우도 집안 사정이 어려운 게 사실이라면 처벌 수위를 정할 때 선처하도록 고려할 수도 있겠지요. 오히려 피해 학생과 그 부모가 마음을 움직여서 선처를 요청하는 경우도 있을 테고요.

논리가 말하고자 하는 바는 인간미를 버리라는 것이 아닙니다. 사정을 감안해서 처벌을 약하게 한다 해도, 어디까지 논리이고 어디부터 인간적인 판단인지를 정확히 알아야 한다는 뜻입니다. 연민에 호소하는 오류라는 사실조차 모르고 감정에 휩쓸려 판단을 내리는 것과는 차원이 다르지요.

특히 정치인에게 투표할 때는 연민에 좌우되어서는 안 됩니다. '대통령 후보가 최근에 불의의 사고로 가족을 잃었다. 얼마나 안됐는가. 다 고만고만한데 불쌍한 사람 찍어 주자.' 이런 식

이라면 곤란하겠지요. 절대로 연민에 호소하는 오류에 빠져서는
안 되는 경우입니다. 내 의사를 성실히 대변할 사람을 이성적으
로 냉정히 판단해서 뽑아야 합니다. 그것이 대의제 민주주의의
기본이니까요. 여러분도 나중에 투표할 권리가 생기면 이 점을
꼭 기억하길 바랍니다.

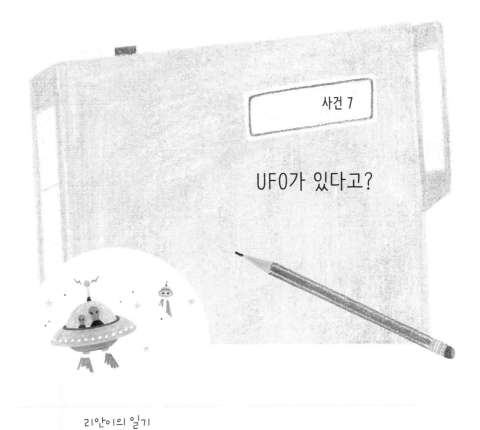

사건 7

UFO가 있다고?

리안이의 일기

오늘 정말 어이없는 일이 있었다. 수민이가 갑자기 스마트폰을 들이밀면서 사진을 보라고 했다. 무슨 사진인가 하고 보니 비행접시처럼 보이는 게 찍혀 있었다. 뭐냐고 물으니 UFO라는 거다. 꽤 선명해서 진짜 하늘을 날고 있는 것 같았다. 그런데 솔직히 말해 믿을 수가 없었

다. 그래서 이거 조작 아니냐, 착각한 거 아니냐고 물었더니 수민이가

화를 내면서 이러는 거다.

"그럼 UFO가 없다는 증거를 대 봐."

난 기가 막혔다. 없다는 증거를 어떻게 대느냐고 따졌지만 수민이는

자기 할 말만 하는 게 아닌가.

"그것 봐, 증거 없지? 그러니까 UFO는 있는 거야."

이러고는 자기 자리로 휙 돌아가 버렸다. 진짜 황당하고 분했다.

정말 미확인 비행 물체, UFO가 있을까요? 가끔 잡지나 인터넷 기사에 UFO를 봤다는 목격담과 그 증거라는 사진이 실리기도 합니다. 또 옛날에 미국 정부가 UFO를 몰래 숨겨 놓았다는 주장이 나오기도 하고요. 하지만 여전히 UFO가 존재하는지는 확인되지 않고 있습니다. 만약 확인되었다면 '미확인'이라는 표현을 쓰지 않겠지요. 그때는 '확인 비행 물체'라고 불러야 할까요? 어쨌든 오늘 수민이가 한 말은 이렇게 정리할 수 있을 겁니다.

너는 UFO가 존재하지 않는다는 증거를 대지 못한다.

따라서 UFO는 존재한다.

어찌 보면 아주 단순하죠. 존재하지 않는다는 증거가 없으니, UFO가 실제로 있다는 겁니다. 그런데 이는 잘못입니다. 왜냐하면 UFO가 존재하지 않는다는 증거를 대지 못한 게 곧 UFO가 존재한다는 뜻이 되는 건 아니거든요. 다른 예도 볼까요? 안타깝게도 교실에서 도난 사건이 일어난 모양입니다. 그런데 현민이가 억울한 처지에 놓였네요.

선생님 네가 훔쳤지?

현민 아니에요. 훔치지 않았어요.

선생님 그럼 네가 훔치지 않았다는 걸 증명해 봐. 네가 증명하면 선생님도 믿어 줄게.

현민 전 진짜 안 훔쳤어요. 다른 애들한테 물어보세요.

선생님 다 물어봤어.

현민 애들이 뭐래요? 제가 훔쳤대요?

선생님 그건 아니지만, 아무래도 현민이 네가 가장 의심스러워.

현민 진짜 저는 안 훔쳤어요.

선생님 하지만 네가 훔치지 않았다고 증명하지는

못했으니까 네가 범인이야.

현민　아니라니까요.

선생님　증명하지 못하면 네가 훔친 거야.

　답답한 대화이지요? 여기서 선생님은 '무지에 호소하는 오류'를 저지르고 있습니다. 이 오류는 어떤 주장이 거짓이라고 증명되지 못했기 때문에 참이라고 하거나, 참이라고 증명되지 못했기 때문에 거짓이라고 할 때 생깁니다. 무지란 말 그대로 모른다는 뜻입니다. 참인지 아닌지 모르니까 거짓이고, 거짓인지 아닌지 모르니까 참이라고 주장하면 잘못입니다. 앞선 예로 다시 한번 설명하겠습니다. 범인이 아니라고 증명하지 못했으니까 범인이고, UFO가 존재하지 않는다는 증거를 못 대니까 UFO는 존재한다는 주장이었지요. 물론 둘 다 오류입니다.

　무지에 호소하는 오류가 쓰인 대표적인 예는 신이 존재하는가에 대한 답변입니다. 과연 신이 존재하는지 묻는 질문에 중세의 철학자들 중 일부는 '신이 존재하지 않는다는 증거가 없다. 따라서 신은 존재한다.'라고 추론하기도 했습니다. 이는 UFO 사례나 범인 찾기 사례와 마찬가지로 무지에 호소하는 오류를 저지른 것이지요.

신의 존재에 대해서는 이런 입장을 보일 수 있습니다. 첫째, 신은 존재한다. 둘째, 신은 존재하지 않는다. 이 두 가지 말고 다른 가능성은 없는 것 같지요? 아닙니다. 바로 '불가지론'이라는 것이 있습니다.

용어가 어렵다고 해서 지레 겁먹을 필요는 없습니다. 불가지론은 신이 존재하는지 존재하지 않는지에 대해 인간으로서는 알 수 없다는 입장입니다. 불가지론은 역사가 매우 깊습니다. 인간이 무언가를 안다고 주장할 때부터 그 곁에는 늘 불가지론이 함께해 왔다고도 볼 수 있지요.

'당신은 좋은 사람입니까?'라는 질문에 여러분은 뭐라고 대답하겠습니까? 좋은 사람입니다, 또는 그렇지 않습니다, 둘 중 하나로 답할 수밖에 없을까요? 알 수 없다는 답도 충분히 가능할 겁니다. 어떤 때는 좋은 사람이지만 또 다른 때는 나쁜 사람일 수도 있기 때문에 한마디로 대답하기 어려운 질문입니다. 게다가 좋은 사람이란 무엇을 뜻하는지까지 캐묻기 시작한다면 답하기가 점점 더 곤란하겠지요.

그런데 무지에 호소하는 오류를 잘 들여다보면 그 속에는 흑백사고의 오류도 엿보입니다. 무지에 호소하는 오류 역시 알거나 모르거나 둘 중 하나라고 단정 짓기 때문입니다. UFO가 있거나 없거나 둘 중 하나, 네가 훔쳤거나 훔치지 않았거나 둘 중 하나, 신이 존재하거나 존재하지 않거나 둘 중 하나. 이런 식으로 생각한다면 무지에 호소하는 오류와 더불어 흑백 사고의 오류까지 저지르는 셈입니다.

'완벽히 아는 것이 불가능하다.'라는 불가지론이 항상 옆에 있음을 잊으면 안 됩니다. 불가지론대로 하면 다음과 같은 겸손한 주장이 가능합니다. 미확인 비행 물체가 존재하는지 지금으로서는 알 수 없다. 네가 훔쳤는지 아닌지 지금으로서는 알 수 없다. 신이 있는지 없는지 우리로서는 알 수 없다.

우리 삶은 너무나도 복잡하고 여러 가능성이 동시에 열려 있어서 아무리 열심히 생각해 봐도 결론이 나지 않는 경우가 많습니다. 그래서 사람들은 둘 중 하나라는 간단한 선택지에 솔깃해하곤 합니다. 좋은 나라 아니면 나쁜 나라, 적 아니면 동지, 똑똑하거나 아니면 무식하거나.

둘 중 하나로 분명히 나눌 수 있는 문제를 미적지근한 자세로 대처하면서 판단을 자꾸만 뒤로 미루어도 곤란하겠지만, 세계는 흑백으로 나눌 수 없는 경우가 더 많습니다. 자연과 사회 모두 끊이지 않고 계속해서 이어지는 스펙트럼 같아서, 경계에서는 조금

씩 차이가 있지만 결국에는 하나로 연결되기 때문입니다.

논리적으로 이루어진 올바른 사고는 세상이 흑백으로 구성되어 있지 않다는 것을 분명하고 간단하게 드러냄으로써 편견을 없애 줍니다. 둘 중 한쪽만 있다고 생각하면 세계는 좁아지고 자기도 모르게 다양한 사고를 못 하게 되겠지요. 그러니 '우물 안 개구리'가 되지 않기 위해서라도 우리는 논리적으로 생각하는 법을 익혀야 합니다.

사건 8

왜 선생님 말을 안 듣니?

선생님의 일기

답답한 하루였다. 수민이 녀석 때문이다. 수민이는 내 말을 끔찍이도 안 듣는다. 수업 시간에 조용히 시켜도 쉴 새 없이 떠들고, 지각하지 말라고 당부한 다음 날에도 어김없이 지각하고, 애들이랑 싸우지 말라고 해도 거의 매일 다툼을 벌인다. 그런데도 오늘 "너 왜 선생님 말을 안 듣니?" 하고 한마디 했더니 이 녀석이 자기는 그런 적 없다고 딱 잡아뗀다. 내 말을 안 들은 적이 거의 없다는 것이다. 기가 막혔다. 다시 한 번 말했다. 너 왜 선생님 말 안 듣느냐고. 그랬더니 그런 적이 없다고 똑같이 답했다.

내가 젊은 교사라서 우습게 보는 건가 하는 생각마저 든다. 이제 겨우 4년 차 교사라고 애들이 나를 깔보는 건 아닐까.

선생님의 걱정이 이만저만 아니군요. 교사로 부임한 지 얼마 안 되어서인지 자신감도 조금 없어 보입니다. 특히 수민이 때문에 속을 썩이고 있네요. 그런데 선생님이 괴로운 건 수민이 탓이 아닐 수도 있습니다. 만약 오늘 선생님과 수민이가 다음과 같은 대화를 나눈 거라면 사정이 조금 다르거든요.

선생님 수민아, 너는 왜 선생님 말을 안 듣니?

수민 저 말 잘 듣는데요.

선생님 아니, 이 녀석이 거짓말까지 해?

수민	아닌데요. 저 선생님 말 안 들은 적 거의 없어요.
선생님	왜 선생님 말 안 듣느냐니까?
수민	저 잘 듣는다니까요.
선생님	어이구, 됐어. 가 봐.

이런 대화를 나눴다면 오늘은 선생님이 잘못한 겁니다. 왜냐하면 선생님이 두 가지 질문을 동시에 했으니까요.

다시 한 번 잘 볼까요. 선생님은 아무런 설명 없이 "수민아, 너는 왜 선생님 말을 안 듣니?"라고 묻습니다. 이 질문은 두 가지 요소로 구성되어 있습니다.

1. 수민이는 선생님의 말을 안 듣는다.

2. 왜 안 듣나?

선생님은 '왜 안 듣나?'에 대한 답을 원했습니다. 수민이가 선생님 말 안 듣는 것은 이미 정해진 사실로 여기고 그 이유를 알고 싶어 했던 것이지요. 그런데 수민이는 자기가 선생님 말을 잘 안 듣는다는 사실부터 부정했습니다. 즉, 자신은 선생님 말을 잘 듣는다는 것이지요. 따라서 질문과 답이 엇갈렸습니다. 수민이는 선생님이 이미 사실이라고 여기는 것에만 부정하는 답을 하고 정작 왜 그러느냐는 물음에는 대답하지 못한 셈이니까요.

이렇듯 질문 하나로 두 가지를 한꺼번에 물으면 오류가 일어납니다. 이런 오류를 '복합 질문의 오류'라고 합니다. 복합이란 두 가지 이상이 하나로 합쳐졌다는 뜻이지요.

복합 질문의 오류를 피하려면 어떻게 해야 할까요? 하나씩 나누어서 질문하면 됩니다. "수민아, 너는 왜 선생님 말을 안 듣니?"를 두 가지 질문으로 나누면 다음과 같습니다.

1. 수민이는 선생님 말을 잘 듣나?

2. 잘 안 듣는다면 왜 그런가?

첫 번째 질문에 수민이가 자기는 말을 잘 듣는다고 답하면 선생님은 그러지 않는다는 증거를 제시해야 합니다. 그 증거는 선생님의 일기에 나와 있지요.

1. 수업 시간에 조용히 하라고 주의를 주어도 계속 떠든다.

2. 지각하지 말라고 한 다음 날에도 또 지각한다.

3. 친구들과 싸우지 말라고 해도 거의 매일 다툰다.

이렇게 증거를 제시했다면 수민이는 어떻게 반응했을까요? 아마도 하나씩 반박했겠지요. 즉 수업 시간에 떠든 적이 없다, 지각하지 않았다, 친구들과 싸우지 않았다, 이렇게 말입니다.

그러면 선생님은 수민이의 반박을 잠재우기 위해 다시 증거를 대야 합니다. 수업 시간에 떠들었다는 증거, 지각했다는 증거, 친구들과 싸웠다는 증거를 하나하나 들어야지요. 그렇게 해서 수민이가 자기 잘못을 깨닫게 해야 합니다.

수민이가 자신이 선생님 말을 안 들었다는 것을 인정해야 비로소 그다음 질문으로 넘어가서 왜 말을 안 듣는지 물을 수 있습니다. 다소 복잡해 보이지만 이런 과정을 거치면 복합 질문의 오류에 빠지지 않습니다.

복합 질문의 오류 역시 주위에서 쉽게 발견할 수 있습니다. 가끔 이렇게 말하는 사람이 있지요. "있잖아, 난 왜 이렇게 예쁜 거야?" 그러면 사람들은 놀라며 대꾸하겠지요. "아니, 얘가 왜 이래? 너 안 예뻐. 거울도 안 보니?" 우리의 공주병 환자는 그래도 굴하지 않고 꿋꿋하게 말할 겁니다. "아니, 그러니까 나는 왜 이렇게 예쁘냐고?"

여태 복합 질문의 오류에 대해 설명했으니 이제는 어떻게 하면 오류를 피할 수 있는지 알아볼까요? 담배에 얽힌 대화를 한번 살펴보지요.

> 아버지   현민이 너, 이제 담배 끊었냐?
> 현민   무슨 말씀이세요? 저 원래 담배 안 피워요.

현민이는 아버지의 질문에 훌륭히 잘 대답했습니다. 만약에 "예."라고 답했다면 전에는 담배를 피웠다고 인정하는 셈입니다. 그렇다고 "아니요."라고 답한다면 지금도 담배를 피우고 있다는 뜻이고요. 따라서 어느 쪽으로 대답하든 담배를 피운 적이 있거나 담배를 피우고 있다는 뜻이 됩니다. 아버지의 질문 역시 복합 질문의 오류입니다. 오류를 피하려면 아예 복합 질문을 하지 않는 것이 가장 좋습니다. 이렇게 나누어서 묻고 답해야겠지요.

> 아버지   너 요즘 담배 피우냐?
> 현민   아니요.
> 아버지   그럼 예전에는 피웠냐?
> 현민   아니요. 피운 적 없는데요.
> 아버지   그래, 다행이다. 담배는 백해무익이야.

복합 질문의 오류를 살펴보면 생각에는 단계가 있음을 알 수 있습니다. 한꺼번에 여러 단계를 건너뛰려다 보니 소통이 제대로 이루어지지 않는 겁니다. 그러니 여러분은 다소 귀찮게 느껴지더라도 대화를 하거나 글을 쓸 때 하나하나 단계를 밟아 처리하길 바랍니다.

복합 질문의 오류는 상황에 따라 매우 심각한 결과를 낳을 수도 있습니다. 심할 경우 사람 목숨까지도 왔다 갔다 할 수 있지요. 예를 들어, 일제 강점기에 일본 경찰이 애먼 우리나라 사람을 붙잡아서는 다짜고짜 '왜 독립운동을 했어?' 하고 추궁하는 상황을 그려 봅시다. 자, 어떻게 될까요?

억울하게 잡혀 온 사람은 당연히 자기는 독립운동을 하지 않았다고 대답하겠지요. 그러면 일본 경찰은 다 알고 있다면서 빨리 실토하라며 윽박지르고, 심하면 고문을 할지도 모릅니다. 일본 경찰의 질문은 '왜?'인데 그에 대한 답은 없이 계속 혐의를 부인하니까요. 잡혀 온 사람은 계속 혐의를 부인하든지 거짓으로 자백하는 수밖에 없습니다. 어떻게 해도 목숨이 위태로운 건 마찬가지겠군요.

반면에 때로는 이러한 복합 질문의 오류가 유용하게 쓰이기도 합니다. 예를 들어 비리에 연루된 정치인을 기자가 인터뷰한다고 했을 때, 한 가지씩 차근차근 묻기보다 복합 질문을 던지는 편이 좀 더 솔직한 답변을 끌어낼 수도 있거든요. 뇌물을 받았다고 의심되는 국회 의원한테 '정말 뇌물을 받았습니까?'라고 묻지 않고 '왜 뇌물을 받았습니까?' 하고 일부러 복합 질문을 던지는 겁니다. 그러면 당황한 국회 의원이 은연중에 뇌물을 받았다고 인정하는 답을 내놓을 수도 있습니다. 물론 이는 어디까지나 예외일 뿐입니다. 보통 복합 질문은 원활한 의사소통을 방해하는 장해물이지요.

복합 질문의 오류를 피하는 일은 귀찮은 절차처럼 보이기도 합니다. 하지만 단계를 하나씩 밟으면 좀 더 편하고 말끔하게 생각할 수 있습니다. 여러 가지 왜곡을 막을 수 있지요. 논리에서 척 보면 안다는 태도는 통하지 않습니다. 서두르지 않고 하나씩 단계별로 따지는 것이 올바르게 사고하는 데 큰 힘이 됩니다.

사건 9

공부하는 게 왜 좋아?
배우는 게 좋으니까요

아빠의 일기

오늘도 리안이는 학원에서 늦게 돌아왔다. 한창 뛰어놀 나이에 밤 늦게까지 학원에서 공부하는 것을 보니 안쓰럽다. 학교 공부로 충분하면 좋을 텐데 경쟁이 심한 탓에 요즘 아이들에게는 학원 다니는 것이 당연한 일이 되었다. 그냥 몸과 마음 모두 건강하게 자라서 각자 자기가 잘하는 일을 직업으로 삼고 살 수 있는 방법은 없을까. 하긴 부모 욕심이 더 클지도 모른다. 어쩌면 나도 자식을 앞세워 제2의 인생을 살고 싶어 하는 건지도 모른다.

늦게 돌아온 리안이에게 공부가 좋으냐고 물었더니 의외로 그렇다고 한다. 그래서 왜 공부하는 게 좋으냐고 물었더니 배우는 게 좋단다. 녀석, 공부를 좋아하는 줄은 몰랐다.

평범한 내용입니다. 다만 리안이가 공부를 좋아한다는 게 조금 의외이긴 하네요. 그런데 아빠의 이 일기에서도 오류가 보입니다. 이번에는 도무지 모르겠다고요? 일단 일기의 내용을 재구성해 보지요. 그러면 단서가 드러납니다. 일기의 마지막 부분을 대화로 다시 써 봅시다.

아빠　　공부하는 게 좋으냐?

리안　　네.

아빠　　왜 공부하는 게 좋으냐?

리안　　배우는 게 좋아요.

이렇게 봐도 잘 모르겠다고요? 그렇다면 '공부'의 뜻을 생각해 봅시다. 공부의 뜻은 학문이나 기술을 배운다는 겁니다. 그렇다면 아빠와 리안이의 대화는 이렇게 고쳐 쓸 수도 있겠지요.

아빠　왜 (학문이나 기술을) 배우는 게 좋으냐?
리안　네, 배우는 게 좋아요.

어떤가요? 이번에는 조금 이상하지요. 아빠의 물음과 리안이의 대답이 같잖아요. 배우는 게 좋은 이유를 물었는데, 배우는 게 좋다고 대답했으니 말입니다. 결국 아빠와 리안이는 질문과 답이 똑같은 이상하고 싱거운 대화를 나눈 셈입니다. 아빠와 리안이의 이 문답처럼 질문과 답이 같은 경우에 발생하는 오류를 '순환 논리의 오류'라고 합니다. 순환이란 자꾸 되풀이해서 돈다는 뜻입니다. 즉, 'A이기 때문에 A다.'라는 식으로 의미 없이 빙글빙글 도는 것이지요. 순환 논리의 오류를 저지르게 되면 어떤 새로운 정보도 얻을 수 없습니다. 리안이와 아빠의 대화에서 '공부'를 '배우는 것'으로 바꾸어 다시 살펴볼까요?

아빠　배우는 게 좋으냐?

리안   네.

아빠   왜 배우는 게 좋으냐?

리안   배우는 게 좋아요.

어떻습니까. 첫 질문으로 이미 배우는 걸 좋아한다고 확인했습니다. 그래서 왜 좋아하는지를 물었는데 질문과 똑같은 답이 돌아왔으니 새로운 정보는 전혀 없습니다. 그런데도 얼핏 보면 리안이가 뭔가 답했구나 하고 착각할 수 있습니다. 만약에 리안이가 이렇게 대답했다면 어색하지 않겠지요.

아빠   배우는 게 왜 좋으냐?

리안   나중에 직업 선택할 때 도움이 될 테고, 대학교 가는 데도 필요하니까요.

이렇게 여러 구체적인 이유를 든다면 새로운 내용이 담긴 대화로 바뀝니다. 그런데 순환 논리의 오류는 우리에게 친숙한 문장이나 구호에도 많이 숨어 있습니다. 예를 들어 다음 문장은 여러분께 꽤 익숙할 겁니다.

그 사람은 위대한 애국자입니다. 왜냐하면 그는 진정으로 나라를 사랑했기 때문입니다.

이 문장을 다시 한 번 구성해 볼까요. 애국자는 '자기 나라를 사랑하는 사람'이라는 뜻입니다. 그러니 다시 쓰면 이렇게 되겠지요.

1. 그는 진정으로 나라를 사랑했습니다.
2. 따라서 그는 위대한 애국자(나라를 사랑한 사람)입니다.

1번 문장과 2번 문장에서 차이를 발견할 수 있습니까? 그렇지 않지요. 두 문장은 같은 뜻입니다. A이기 때문에 A이다. 논리적으로는 잘못이 아니지만 새로운 정보는 아무것도 없습니다. 그러니 마치 새로운 정보인 양 이 문장을 사용한다면 오류입니다. 이와 비슷한 예는 얼마든지 있습니다.

효자는 참다운 인간입니다. 왜냐하면 부모를 사랑하는 사람만이 참다운 인간이기 때문입니다.

이 주장 역시 전제와 같은 결론을 내리고 있습니다. 효자란 '부모를 사랑하는 사람'을 의미하기 때문이지요. 효자의 정의를 다시금 확인한다는 차원에서 이런 문구가 사용되었다면 얘기가 다르겠지만요.

---

1. 부모를 사랑하는 사람만이 참다운 인간이다.

2. 따라서 효자(부모를 사랑하는 사람)는 참다운 인간이다.

리안이와 아빠의 대화로 돌아가 보겠습니다. 리안이는 공부가 좋은 이유를 묻자 배우는 게 좋다고 답했습니다. 앞서 질문과 답이 같기 때문에 순환 논리의 오류라고 했지만, 만약 리안이가 '배우는 것 자체가 좋아요.'라고 답했다면 어떨까요? 이 경우에도 오류일까요?

그렇지 않습니다. '배우는 것이 좋다.'와 '배우는 것 자체가 좋다.'는 엄연히 뜻이 다르기 때문입니다. 무엇인가가 그 자체로 좋다는 말은 다른 목적이 없이 순수하게 그것을 좋아한다는, 아주 강한 뜻을 품고 있지요.

공부 자체를 좋아한다는 말은 다른 목적이나 이유, 그러니까 성적이나 직업에 도움이 된다는 이유를 떠나 배움 자체가 좋다는 뜻입니다. 물론 나중에 좋은 직업을 얻는 데 도움이 되니까 공부를 좋아할 수도 있습니다. 하지만 배움 자체를 좋아한다는 말과는 의미가 좀 다르지요. 아마도 이런 마음가짐이 공부를 즐기는 가장 바람직한 자세일 겁니다.

순환 논리의 오류가 종교에서 발생하면 심각한 재앙을 일으킬 수 있습니다. 중세 시대에 벌어진 십자군 전쟁에 대해 배운 적이 있나요? 이슬람교도로부터 성지 예루살렘을 되찾기 위해 유럽의 기독교도들이 일으킨 이 전쟁 탓에 11세기 말부터 13세기 말까지 유럽과 이슬람 모두 엄청난 희생을 치렀습니다.

십자군 전쟁은 여러 원인이 복잡하게 얽혀서 일어난 전쟁이지만, 종교적 신념도 원인 중 하나였습니다. 아마 당시 기독교도는 이렇게 추론하지 않았을까 싶습니다.

1. 성경에 이교도를 물리치라고 쓰여 있다.

2. 성경은 진리이다.

3. 왜냐하면 성경에 '성경은 진리'라고 쓰여 있기 때문이다.

이제는 쉽게 알아차릴 수 있겠지만 이 추론은 잘못되었습니다. 성경에 '성경은 진리'라고 쓰여 있다. 따라서 성경은 진리이다. 이러한 과정을 거친 것인데 '성경에 성경이 진리라고 쓰여 있으니까 성경은 진리'라고 되돌이표처럼 주장하기 때문입니다. 이러한 추론대로라면 기독교도들은 순환 논리의 오류를 저지른 셈입니다.

거창한 구호나 그럴듯한 주장에는 순환 논리의 오류가 종종 숨어 있습니다. 앞에서 본 애국자, 효자 등이 그 예가 될 겁니다. 정치에서도 자주 쓰입니다. 정치인들은 이렇게 말하곤 합니다. '경제 발전 없이는 국가 안보도 없습니다. 돈 없이 나라를 지킬 수는 없기 때문입니다.' 그럴듯합니다. 그런데 이 주장을 뜯어보면 순환 논리의 오류가 눈에 띕니다. 경제 발전은 돈을 버는 것을 가리키고, 국가 안보는 나라를 지키는 것을 가리키기 때문입니다. 그러니까 이렇게 말한 셈이지요. '돈을 벌지 않으면 나라를 지킬 수 없습니다. 왜냐하면 돈 없이 나라를 지킬 수 없기 때문입니다.' 이처럼 거창한 구호나 그럴싸한 주장일수록 주장과 근거가 같지는 않은지 더욱 세심히 살펴야 합니다.

사건 10

철학 박사에게 건강 상식을 묻다

리안이의 일기

우리 할아버지는 박사다. 박사는 공부를 많이 해서 뭐든지 다 아는 줄 알았는데, 그렇지도 않은가 보다. 오늘 오랜만에 할아버지 댁에 놀러 갔다가 궁금한 걸 여쭤 봤다.

"할아버지, 공부를 잘하려면 뭘 먹어야 해요?"

"글쎄, 잘 모르겠구나."

"할아버지는 박사면서 그것도 몰라요?"

"허허, 이 할아비는 철학 박사지 식품 영양학 박사가 아니란다. 그 래서 잘 모르겠구나."

아무리 전공이 달라도 제일 공부를 많이 했다는 박사인데 그것도 모 르다니 이상하다. 그럼 철학 박사는 뭘 잘 아는 걸까? 인터넷으로 검 색해 볼까?

사람들은 박사라고 하면 뭐든 다 알 거라고 짐작하고는 하지 요. 하지만 아무리 유명한 박사라고 해도 자신의 전공 분야 외에 는 특별히 잘 알지 못합니다. 아무리 뛰어난 역사학자라고 해도 올해 프로야구 성적을 보통 사람보다 정확하게 예측하기는 어렵 겠지요. 또 뛰어난 생물학자라고 해도 경제 문제에 대해서는 까 막눈일 수도 있습니다.

하지만 사람들은 한 분야의 박사라면 무엇을 묻든 척척박사처 럼 대답할 것이라고 생각해서 실수할 때가 있습니다. 바로 리안 이처럼 말이지요.

리안이네 할아버지는 철학을 연구한 분이라 공부에 도움을 주는 음식 같은 것은 잘 모릅니다. 따라서 모른다고 답한 것은 옳은 답변이고 학자로서도 좋은 태도이지요. 만약 할아버지가 별생각 없이 자기가 좋아하는 음식인 무화과 빵이라고 대답했다면 어떻게 됐을까요? 리안이는 다음 날 친구에게 이렇게 말했을지도 모릅니다.

리안   지수야, 무화과빵이 머리에 좋대.

지수   누가 그래? 그나저나 무화과빵이 뭐야?

리안   몰라. 암튼 무화과빵이 머리에 좋대.

지수   글쎄, 누가 그랬냐니까?

리안   우리 할아버지. 너도 알지? 우리 할아버지가 얼마나 유명한 철학 박사인지.

지수   응, 텔레비전에도 자주 나오시잖아. 되게 유명하시더라. 우리 엄마도 알아.

리안   그런 할아버지가 무화과빵이 머리에 좋다고 하셨다니까.

지수   오, 정말? 그럼 나도 무화과빵 사 먹어야지.

리안이는 지수에게 무화과 빵이 머리에 좋다고 말합니다. 그런데 무화과 빵이 머리에 좋은 이유에 대해서는 한마디도 하지 않았습니다. 심지어 무화과 빵이 무엇인지도 잘 모르는 지경이지요. 하지만 유명한 철학 박사인 할아버지가 한 말이기 때문에 무화과 빵이 머리에 좋다고 우깁니다. 리안이의 주장이 어딘가 꺼림칙하지요? 바로 리안이가 '잘못된 권위에 호소하는 오류'를 저질렀기 때문입니다. 무화과 빵이 머리에 좋다는 주장을 유명한 철학 박사라는 잘못된 권위에 기대서 설득하려 한 탓에 오류가 발생한 겁니다.

뛰어난 소설가가 소설에 대해 말하면 믿을 만하다는 생각이 들고, 이름난 의사가 질병에 대해 말하면 귀가 솔깃해지지요. 당연합니다. 자기 전공 분야에 대해 말했는데 권위를 인정하지 않을 이유는 없으니까요.

예를 들어 아인슈타인은 유명한 물리학자입니다. 상대성 이론을 제시함으로써 세계적인 학자가 되었고 훗날 노벨 물리학상도 탔지요. 즉, 물리학계의 탁월한 전문가입니다. 그러니 물리학을 둘러싼 논쟁에서 아인슈타인이 한 말이라고 하면 꽤 설득력이 있을 겁니다. 물리학에 대해 자기주장을 펼칠 때 아인슈타인을 끌어들여서 설득한다면 정당한 호소가 되겠지요.

하지만 요리에 대해 말할 때 아인슈타인을 들먹이면서 자기주장의 가장 중요한 근거로 삼는다면 곤란합니다. 아인슈타인이 요리에 대해 뭐라고 했든, 그 말에 큰 설득력이 생기지는 않습니다. 아인슈타인은 물리학 전문가이지 요리 전문가는 아니니까요.

　이런 예는 흔합니다. 요즘은 애플의 최고 경영자였던 스티브 잡스에 대해 잘못된 권위를 부여하는 경우가 많지요. 그 사람은 컴퓨터와 스마트폰 등 IT 업계의 전문가였습니다. 그러니 스티브 잡스가 IT 업계에 대해 말한 내용은 당연히 믿을 만하고, 자기 주장을 펼칠 때 근거로 삼아도 별문제가 없습니다. 하지만 스티브 잡스가 역사에 대해 말했다면 믿을 만할까요? 매우 의심스럽습니다.

　더 쉬운 예를 들어 볼까요. 우승을 밥 먹듯이 하는 유명한 야구 감독이라도 그가 말한 영화 평이 권위를 지닐 수는 없습니다. 참고 정도는 되겠지만 역시 야구를 평가할 때를 제외하면 다른 사람과 별 차이가 없다고 봐야겠지요. 물론 야구와 영화 모두에 전문가라고 인정받는 사람이라면 이야기가 다르긴 합니다.

　여러분, 매일 광고를 보지요? 요즘 텔레비전에서는 광고가 가장 재미있다는 말이 있을 정도로 사람들에게 인기가 많더군요. 그런데 광고 중에는 슬며시 잘못된 권위에 호소하는 오류를 저지르는 경우가 꽤 많습니다.

예를 들어 어느 잘생긴 배우가 멋진 아파트를 소개합니다. 물론 자신이 추천하는 아파트이니까 매우 좋다는 인상을 시청자에게 심어 주지요. 하지만 그 배우가 매우 유명하고 연기력도 뛰어나다 해도 아파트 전문가는 아니잖아요? 사람들에게 멋진 삶을 보여 주는 배우의 이미지 때문에 저 아파트에 살면 나도 저렇게 멋진 인생을 살아갈 수 있겠다는 느낌을 시청자들에게 안겨 주지만, 이는 논리적으로 잘못된 것입니다. 잘못된 권위에 호소하는 오류를 노린 광고라고 봐야겠지요. 이는 전문가가 아닌 스타를 내세운 광고 대부분에 해당할 것입니다.

이처럼 아무리 인기 있고 유명한 사람이라도 다른 분야에서까지 권위자라고 믿으면 잘못입니다. 물론 전공 분야의 권위를 인정하는 건 정당한 일이고 문제를 해결하는 합리적인 길이기도 하지요. 이어지는 대화에서 아버지는 현민이의 말에 꼼짝도 못할 겁니다.

아버지 그래, 너 정말 가수가 될 생각이냐?

현민   네, 가수가 제 꿈이라니까요.

아버지 난 좀 걱정이구나. 너, 소질이 있긴 하냐?

현민 걱정하지 마세요. 제가 유명한 작곡가 선생님을 찾아가서 시험받았어요.

아버지 그래? 누군데?

현민 아버지도 아실 거예요. ○○○ 선생님이에요. ×××라는 노래의 작곡가 말이에요. 텔레비전 오디션 프로그램에 심사위원으로 나온 적도 있잖아요.

아버지 그 사람이 뭐라고 하니? 성공할 수 있대?

현민 저한테 소질이 있대요.

아버지 뭐, 전문가가 그렇게 말했다면 가능성이 있기는 한가 보구나. 열심히 해 보라. 도와줄 일 있으면 말하고.

정당한 권위에 호소하는 방법은 상대방을 설득할 때 아주 효과적입니다. 다만 어떤 문제에 대한 의견을 구할 때는 상대의 권위를 인정하되 해당 분야의 권위자인지 아닌지 유심히 살피는 게 중요하다는 것, 이제 잘 알겠지요?

사건 11

먼저 인간이 되어라

수민이의 일기

아, 짜증 난다. 오늘도 아침 조회 시간부터 잔소리를 실컷 들었다.

애들 중에 누가 어제 담배를 피우다가 들켰나 보다. 담임 선생님한테

서 한마디 들었다. 공부도 중요하지만 일단 인간이 되라고.

인간이 된다는 게 도대체 뭐람? 담배 안 피우고 술 안 먹고 가출 안

하면 인간인가? 그럼 우리 아버지 같은 사람만 인간이네. 술, 담배 안 하지 가출도 안 하지. 하지만 별로 그런 것 같지 않은데. 근데 나는 인간 아닌가? 인간이 아니면 오랑우탄이란 말인가? 어쨌든 담임 선생님이 예민한 상태니 당분간 조심해야겠다.

인간이 되라는 말은 인간답게 살아라, 이런 뜻이겠지요. 그럼 인간답다는 것은 무엇일까요? 예의를 지킨다, 부모에게 효도한다, 남을 배려한다, 자기 밥벌이를 한다, 열심히 산다 등등 여러 가지로 해석할 수 있지만 뜻이 분명하지는 않습니다. 하지만 그나마 한 가지 분명한 것은 인간이 되라는 말이 가리키는 '인간'은 생물학적인 의미가 아니라 '인간다움'을 뜻한다는 사실입니다.

생물학적 인간과 인간다움은 전혀 다릅니다. 우리는 모두 어머니 몸에서 생물학적 인간으로 태어나지만, 인간다운 인간으로 다시금 태어나는 시기와 계기는 사람마다 다르지요. 가끔 어떤 사람은 인간다운 인간으로는 단 하루도 살아 보지 못한 채 죽기도 하고요. 여기 생물학적 인간과 인간다운 인간을 구별하는 법에 대한 우화가 있습니다.

주인   목욕을 가려고 하니 목욕탕에 가서 사람이 얼마나 많은지 보고
         오너라.

하인   예.

(하인은 주인 말대로 목욕탕에 다녀왔습니다.)

주인   그래, 사람이 많더냐?

하인   아닙니다. 딱 한 명밖에 없었습니다.

주인   그래, 그럼 가자꾸나.

(그리하여 주인은 목욕탕으로 갔습니다. 하지만 목욕탕에는 사람이
가득했습니다. 주인은 분을 참지 못하고 하인을 불렀습니다.)

주인   아니, 이게 무슨 일이냐! 한 사람밖에 없다면서!

하인   예, 분명히 한 사람밖에 없었습니다.

주인   그럼 그 사이에 이렇게나 많이 들어왔다는 거냐?

하인   그게 아니라, 목욕탕 문에 큰 돌이 하나 놓여 있었는데 그것을
         치우고 들어가는 사람은 한 사람밖에 없었습니다.

주인   뭐라고?

하인   다른 사람의 통행에 방해가 되는 돌을 치우고 들어가는 자만이
         '사람' 아니겠습니까?

어때요, '인간다움'에 대한 재미있는 이야기지요? 여기 나오는 하인이 이솝 우화로 유명한 고대 그리스의 우화 작가 이솝이라는 말도 있습니다. 하지만 중요한 건 하인의 정체가 아니라 주인과 하인이 '사람'이라는 단어를 서로 다른 의미로 쓰고 있다는 점이겠지요.

주인은 사람이라는 말을 생물학적 인간이라는 뜻으로 사용했고, 하인은 인간다운 인간이라는 의미로 사용했습니다. 똑같이 사람이라는 말을 썼지만 다른 뜻이었기 때문에 의사소통이 제대로 되지 않은 겁니다.

이런 경우를 '애매어의 오류'라고 합니다. 하나의 단어가 두 가지 의미로 쓰일 때 일어나는 잘못입니다.

'아는 게 힘이다.' 이런 말을 들어 본 적 있을 겁니다. 영국의 철학자 프랜시스 베이컨이 한 말인데요, 과학적인 지식이 세상을 이해하고 살아가는 데 꼭 필요한 도구라는 뜻입니다. 이때 힘이란 도구 혹은 수단을 의미하겠지요.

그런데 이런 말도 있습니다. '힘은 먹는 데서 나온다.' 이 역시 많이 들어 보았을 겁니다. 편식하면 안 된다는 뜻이지요. 골고루 잘 먹어야 건강하다는 의미인데, 여기에서 말하는 힘은 육체의

활력을 가리킵니다. 즉, 몸에 기운이 돌아 씩씩하게 움직이려면 음식을 가리지 않고 잘 먹어야 한다는 겁니다. 그런데 이 두 문장을 한데 섞으면 어떻게 될까요?

아는 게 힘이다.

힘은 먹는 데서 나온다.

따라서 아는 것은 먹는 데서 나온다.

좀 이상하지요? 아는 게 먹는 데서 나온다면 먹성 좋은 사람이 가장 많이 아는 사람이겠네요. 이런 이상한 결론이 나온 것은 두 문장에서 힘이라는 단어가 서로 다른 의미로 사용되었는데도 같은 뜻으로 취급했기 때문입니다.

단어의 뜻은 사전에 실려 있습니다. 그런데 사전을 꼼꼼히 살펴보면 한 단어의 뜻이 여러 가지인 경우가 무척 많은 것을 알게 됩니다. 예를 들어 표준국어대사전에서 '힘'을 찾아보면 정의가 13가지나 나오는데, 앞서 언급한 힘의 두 가지 뜻이 거기에 포함되어 있습니다. 이것은 국어학자들이 '힘'이라는 단어의 유래와 쓰임을 빠짐없이 살피고 연구한 끝에 내린 결론이라고 할 수 있지요. 이처럼 단어의 정의는 사람들의 언어생활을 바탕으로 사회적인 합의를 거친 끝에 정해지는 것입니다. 어느 한 사람이 자기 마음대로 정하는 것이 아닙니다. 따라서 만약 어떤 단어를 사전에 나와 있지 않은 뜻으로 사용하시겠다면 자기가 내린 정의를 알리고 동의를 구해야 합니다. 그래야 단어의 의미를 헷갈리지 않고 오해 없이 의사소통할 수 있겠지요.

비트겐슈타인은 20세기의 가장 뛰어난 철학자 중 한 명인데, 그는 언어란 게임과 같다고 말했습니다. 체스 게임을 예로 들어 설명해 보지요. 체스를 두려고 하는데 퀸을 잃어버렸다면 어떻게 하겠습니까? 말이 없어졌으니 아예 체스를 두지 못하나요? 그렇지 않을 겁니다. 주위를 둘러보고 적당한 물건을 찾아서 그것을 퀸으로 삼으면 됩니다.

예컨대 지우개를 집고서 "자, 이제부터 이게 퀸입니다. 알겠죠?"하고 동의를 구합니다. 상대방이 "알았습니다."하고 받아들이면 그때부터 지우개는 체스의 퀸입니다. 그런 다음 체스가 끝나면 지우개는 더 이상 퀸이 아니고 본래대로 지우개로 돌아가겠지요. 지우개든 솔방울이든 게임을 하는 사람들이 퀸이라고 정하면 그 게임에서는 퀸이 되는 겁니다. 언어도 마찬가지입니다. 모든 단어의 쓰임새, 즉 의미는 게임의 규칙처럼 사람들의 결정에 따라 정해집니다.

앞서 보았듯 힘이라는 단어의 뜻은 그 단어를 사용하는 사람들이 정하기 나름입니다. 따라서 내가 어떤 단어를 쓸 때 사람들이 다른 뜻으로 오해할 수 있다면 지금은 이런 뜻으로 쓰겠다고 미리 알려야 합니다. 그리고 보통 널리 쓰이는 의미를 함부로 바꾸면 안 됩니다. 내 맘대로 의미를 바꾸면 '아는 것은 먹는 데서 나온다.' 같은 이상한 결론이 나오니까요.

여태껏 오류는 피해야 한다고 말했지만, 애매어의 오류를 알고 쓴다면 우리 삶에 재미를 주기도 합니다. 우리가 말장난을 할 때 애매어의 오류가 흔히 사용되거든요.

민준   어휴, 넌 미련한 곰이야.
현우   그럼 나 웅담 있는 거네? 팔아서 돈 벌어야지.

그 곰이 그 곰이 아니지요? 하지만 이런 경우는 반드시 바로 잡아야 하는 오류라기보다 오류를 재치 있게 활용한 예로 보는 게 맞겠지요. 일부러 곰의 의미를 바꿔 썼다는 걸 서로 알고 있으니까요. 이것이 오류의 또다른 면모입니다. 여러분이 즐겨 보는 개그 프로그램에서도 오류의 이런 활용을 쉽게 찾아볼 수 있습니다.

애매어와 관련해 유명한 일화가 있습니다. 때는 기원전 6세기, 지금의 터키 지역에 리디아 왕국이 자리 잡고 있었습니다. 강력한 국가였는데 크로이소스라는 왕이 통치하고 있었지요. 그는 페르시아와 전쟁을 벌이기 전에 델포이 신전의 무녀에게 가서 신의 뜻을 구했습니다.

무녀가 들려준 신탁은 '왕이 페르시아로 진격한다면 강력한 제국 하나를 멸망시킬 것이다.'라는 내용이었습니다. 이 말을 들은 크로이소스 왕은 페르시아가 멸망할 것이라 믿고 전쟁을 일으켰습니다. 하지만 결과적으로는 리디아 왕국이 전쟁에 져서 멸망하고 말았습니다.

그럼 신탁의 내용은 거짓이었을까요? 아닙니다. 신탁에 나온 강력한 제국이란 페르시아가 아니라 바로 리디아 왕국이었기 때문입니다. 신탁의 내용대로 전쟁 끝에 강력한 제국 하나가 없어진 겁니다.

이런 커다란 비극을 막으려면 크로이소스는 다시 한 번 확인했어야 합니다. '강력한 제국이란 어느 나라를 말하는가? 설마 리디아 왕국은 아니겠지?' 하고요. 자, 고대 그리스의 역사가인 헤로도토스가 전하는 이야기를 볼까요.

신탁에 대한 크로이소스의 비난은 당치도 않은 일이다. 아폴론 신은 크로이소스가 페르시아에 군대를 보내면 대제국이 멸망할 것이라고만 예언했다. 크로이소스가 이를 신중하게 생각했다면, 사자를 세워 신이 말씀하시는 대제국이 내 나라를 가리키는지 페르시아를 가리키는지 물었어야 했다.

신중하게 생각하며 애매함을 줄여 가라, 이것이 논리가 우리에게 끊임없이 일러 주는 메시지입니다.

스마트폰은 일 년 뒤에 살 거야

리안이의 일기

오늘 신형 스마트폰이 나온다고 난리다. 엄청 비싼데도 나오자마

자 사겠다는 친구들이 많다. 다들 무슨 돈으로 살까? 부모님이 척척

사 주시나? 아니면 몰래 저축해 둔 돈이 있나? 다른 아이들이 어떻게

살 수 있는지 모르겠지만, 짠돌이 부모님을 둔 나는 모아 놓은 돈도 없

으니 바라만 볼 뿐이다. 그런데 생각해 보면 이상하다. 이번에 신형이 나온다지만 몇 달 뒤에는 또 다른 신형 휴대폰이 나올 것이다. 계속 신형이 나오는데 뭐하러 살까? 그냥 일 년쯤 뒤에 사는 게 더 현명하지 않을까? 그러면 그땐 내가 제일 최신형 폰을 쓰게 될 테니까.

다들 리안이 같은 생각을 한 번쯤은 해 봤겠지요. 개중에는 리안이처럼 형편이 안 돼서가 아니라 자기 나름대로 논리적으로 따져서 구입하지 않기로 결정하는 경우도 있지요. 계속 신제품이 나오는데 뭐하러 비싸게 사는가. 기다렸다가 사는 편이 더 경제적이지 않을까. 이렇게 생각해서 구입을 미루는 사람도 꽤 많습니다. 그럴듯하게 들리지만 이렇게 결정하는 것은 잘못일 수도 있습니다. 바로 '근시안적 귀납의 오류' 때문이지요.

근시란 가까운 곳은 잘 보이는데 먼 곳은 잘 안 보이는 상태를 말합니다. 여러분이 안경을 끼고 있다면 보통 근시겠지요. 어린 나이에 시력이 좋지 않다면 근시인 경우가 많으니까요. 아무튼 근시안적 귀납의 오류도 비슷합니다. 추론할 때 가까운 것만 고

2. 세상에, 이렇게나 많은 오류가!

111

려하고 먼 것을 염두에 두지 않아서 저지르는 오류거든요.

'나무를 보고 숲을 보지 못한다.'라는 속담이 있지요. 가까이서 보는 게 전부가 아니라는 뜻입니다. 멀리 떨어지면 전체를 볼 수 있는데 가까이에서 일부만 보고 결론을 내리면 잘못을 저지르게 됩니다. 리안이가 스마트폰을 나중에 사는 편이 낫다고 생각한 것도 마찬가지입니다. 계속 신제품이 나오기 때문에 지금 사는 것은 어리석다고 결론지었지만, 지금 신형 스마트폰을 사서 일 년 동안 사용하며 얻을 편리함과 재미, 정보의 접근성 등을 고려하면 당장 사는 편이 더 이익일 수도 있습니다.

스마트폰을 언제 바꿀 것인가 하는 문제는 여러 요소에 따라 답이 달라집니다. 지금 쓰고 있는 전화기도 멀쩡하다면 기다렸다 사는 편이 낫겠지요. 근시안적 귀납의 오류는 시야를 넓혀 여러 요소를 고려해야 할 때 유독 한 가지에만 매달리면 잘못된 결정을 내리게 된다는 뜻입니다. 스마트폰의 경우 가격, 편리함, 재미, 정보 접근성 등 여러 가지를 따져야 하는데 오로지 가격만 보고 결정한다면 근시안적 귀납의 오류가 될 수 있다는 것이지요.

이와 비교되는 것이 성급한 일반화의 오류입니다. 이 오류는 종류의 문제가 아니라 표본의 수가 적다는 것이 문제입니다. 정당 지지도를 조사할 때 전국에서 몇천 명 이상 골고루 조사하면 신뢰도에 별문제가 없습니다. 하지만 표본 수가 백 명 정도라면 전국에서 조사했다 해도 성급한 일반화의 오류입니다.

그런데 아무리 표본 수를 몇천 명으로 늘려도 특정 지역에서만 지지도를 조사하면 근시안적 귀납의 오류입니다. 전국을 대상으로 직종과 나이 등을 두루 고려했어야 하는데 한 지역만 대상으로 삼았기 때문입니다. 이런 조사라면 신뢰하기 어렵겠지요. 이어지는 대화에서 수민이 역시 눈앞에 보이는 것만으로 결론을 내리고 말았습니다.

수민   형, 사람들은 어차피 죽을 건데 왜 살아?

형   뭐라고? 너 정말 그렇게 생각하고 있냐?

수민   응.

형   그럼 하나 묻자. 너 매일 세 끼씩 먹지?

수민   응, 그게 왜? 뭐가 잘못됐어?

형   어차피 배고파질 텐데 밥은 왜 꼬박꼬박 챙겨 먹냐? 어차피 죽을 텐데 왜 사느냐고 묻는 거랑 똑같잖아.

수민   그, 그런가?

수민이는 고민이 있어서 운을 띄웠는데 형이 논리적으로 따지기만 해서 속상했을지도 모르겠네요. 하지만 형의 명쾌한 논리는 수민이가 고민을 해결하는 데 도움을 주었을 수도 있습니다. 어차피 배고파질 텐데 뭐하러 먹느냐고 하는 근시안적 오류를 예로 들어 동생의 생각이 잘못되었음을 지적해 주었으니까요. 근시안적 귀납이란 쉽게 말해 하나는 알고 둘은 모른다는 뜻입니다. 여기서 하나란 눈앞에 보이는 것, 둘은 멀리 떨어져서 생각해야 하는 것이겠지요.

제가 지금 여러분께 여러 오류들을 알려 주고 있지만, 저라고 어릴 때부터 항상 논리적으로 생각했던 건 아닙니다. 지금 돌이켜 보면 오류들을 곧잘 저질렀는데 그중에 근시안적 귀납의 오류도 있었습니다.

어릴 때 이런 말을 자주 들었습니다. "너는 성이 특이해서 주변에 성이 같은 사람이 별로 없겠구나?" 확실히 탁씨가 드물긴 하지요. 하지만 저는 이렇게 대답했습니다. "아닌데요. 탁씨 많아요. 저희 집에 가면 다 탁씨인데요?" 어이없다고요? 하지만 어릴 때는 정말 그렇게 생각했습니다. 만약 그 시절에 근시안적 귀납의 오류에 대해 알았더라면 매일 마주치는 눈앞의 가족들 외에 다른 사람들까지 고려해서 "맞아요. 집 밖에서는 거의 본 적 없어요."라고 답했을지도 모르지요.

어렸을 적의 저처럼 자신의 좁은 경험만으로 판단하면 근시안적 귀납의 오류를 저지르기 쉽습니다. 이어지는 내용이 그에 대한 예입니다.

"내가 어제 축구장에 갔다 왔는데, 사람들은 모두 축구를 좋아하나 봐. 내가 응원석에 앉은 사람들한테 물어봤는데 다들 축구 좋아한대." 이래선 안 되죠. 사람들이 축구를 좋아하는지, 축구장에 가서 물어보면 반칙이지요.

그것도 경기를 직접 보려고 응원석에 자리 잡은 사람이라면 골수팬일 가능성이 높습니다. 끼리끼리 모여서 논다는 말이 있지요. 영화광은 영화광들끼리, 축구광은 축구광들끼리. 사람들은 보통 끼리끼리 모이길 좋아합니다. 자연스러운 일이기도 하고요.

그래서인지 부자 중에는 평범한 서민의 어려움을 모르는 사람들도 있습니다. 경제가 어렵다, 먹고살기 힘들다는 이야기가 언론에 많이 보도되어도 공감하지 못하지요. 버스비가 얼마인지도 잘 모르고, 4인 가족이 한 달을 지내려면 생활비가 어느 정도 필요한지도 모르는 경우가 있습니다. 만약 이런 사람이 정치를 한다면 서민을 위한 정치를 소리 높여 외친들 제대로 실행하지는 못할 겁니다. 풍족한 집안에서 태어나 고생을 모른 채 부자들하고만 어울리디 보면 세상 사람이 진부 자기 같은 줄 알기 십상입니다. 심지어 자기와 사뭇 다른 처지에 놓인 사람을 보면 이상하게 여길 수도 있지요. 가난한 사람을 보고 그게 다 게으른 탓이라며 개인에게만 책임을 돌릴 수도 있고요. 가난한 데는 개인의 탓도 있겠지만 사회적 요인의 영향도 큽니다. 아무리 부지런하고 아무리 일하고 싶어 해도 좋은 일자리 자체가 없으면 가난에서 벗어나기 어려우니까요. 눈앞에 보이는 것이 전부가 아니라는 말입니다.

비슷한 사람끼리 모여서 지내면 자신도 모르게 근시안적 귀납의 오류에 빠지기 쉽습니다. 주위에 있는 사람들은 잘사니까 모두 이렇게 사는 게 당연하다고 여기는 경우가 그렇지요. 그렇게 실제 사회의 다양한 면을 보지 못하고 경험에만 의지하다 보면 판단을 잘못 내리고, 그래서 남에게 해를 끼칠 수도 있습니다.

논리학은 이런 위험에 빠지는 것을 막아 줍니다. 눈앞에 보이는 것에만 초점을 맞추어서는 안 된다고 우리에게 경고하고 가르쳐 주지요. 멀리 있는 것도 보아야 한다고 말입니다.

사건 13

금도끼와 은도끼

리안이의 일기

   오늘 학교에서 『흥부전』을 다시 배웠다. 다 아는 이야기라서 크게 재미는 없었다. 가난한 흥부가 부러진 제비 다리를 고쳐 주었더니 제비가 박씨를 물어다 주었고, 그 박에서 금은보화가 잔뜩 나와 부자가 되었다는 줄거리다. 흥부의 형 놀부가 이를 시샘하여 일부러 제비 다리를 부러뜨린 다음 고쳐서 박씨를 물고 오게 했더니 결과가 기대와 반대였다는 것이다.

선생님은 이 이야기를 다시 꺼내시더니 착한 마음으로 살아야 한다고 말씀하셨다. 물론 착하게 살아야겠지만 흥부가 특별히 운이 좋은 것은 아닐까? 모든 제비가 은혜를 갚지는 않을 테니 말이다. 박 속에 보물이 잔뜩 있었다는 것도 그다지 실감이 나지 않는다.

요즘은 SF 영화도 실감 나야 인기 있는데 『흥부전』은 너무 촌스럽다. 선생님은 책에서 느낀 점을 쓰라고 하셨는데 별로 쓸 게 없어서 고생했다. 아, 이런 뻔한 내용에서 착하게 살자는 것 말고 무슨 말을 더 쓸 수 있을까? 힘들다, 억지로 글 쓰는 것은.

리안이는 『흥부전』을 읽고 감상문을 쓰라는 과제가 어려웠던 모양이네요. 너무 잘 아는 이야기라서 오히려 더 어려웠을지도 모릅니다. 흔히 옛이야기의 주제를 가리켜 권선징악이라고 하지요. 하지만 잘 아는 이야기도 찬찬히 들여다보면 의외로 재미있는 구석이 있습니다.

흥부가 부자가 된 원인은 무엇일까요? 여러 가지 면에서 따져 볼 수 있지만 지금은 논리적인 면을 살펴보겠습니다. 먼저 겉으로 드러난 내용을 요약하지요. 일단 흥부는 제비의 부러진 다리를 치료해 주었습니다. 그리고 제비가 그에 대한 보답으로 박씨를 가져다주었고, 그 박을 갈랐더니 금은보화가 쏟아져서 부자가 되었지요.

　따라서 제비의 다리를 치료한 것이 부자가 된 원인이라고 할 수 있습니다. 그러니 더욱 부자가 되고 싶었던 놀부가 흥부를 따라 한 것도 당연합니다. 하지만 놀부는 제비의 부러진 다리를 고쳐 주었지만 부자가 되기는커녕 재앙을 당했습니다. 왜 흥부와 똑같은 일을 했는데 결과는 반대였을까요? 놀부는 일부러 제비를 잡아서 다리를 부러뜨린 다음에 그 다리를 고쳐 주었기 때문입니다. 겉으로 보이는 것은 제비의 부러진 다리로 같았지만 내용은 전혀 달랐지요.

　흥부는 오로지 좋은 뜻에서 제비의 다리를 치료해 주었고 아무런 대가도 바라지 않았습니다. 하지만 놀부는 부자가 되려는 욕심을 품고 제비의 다리를 부러뜨렸습니다. 물론 다리를 고쳐 주긴 했지만 대가를 욕심냈지요. 이 차이입니다. 흥부가 부자가 된 건 제비 다리를 치료해 준 덕이 아니라 작은 동물까지 돕는 착한 마음씨 덕이었습니다. 놀부는 원인을 잘못 파악했기 때문에 재앙을 당했습니다.

이처럼 원인을 잘못 파악하는 경우를 '거짓 원인의 오류'라고 부릅니다. 진짜 원인이 있는데 가짜 원인, 즉 거짓 원인을 진짜라고 생각해서 저지르는 잘못입니다. 이런 오류에 빠지지 않으려면 진짜 원인을 가려내는 일이 무엇보다 중요하겠지요. 그러지 않으면 놀부처럼 거짓 원인을 진짜 원인으로 착각하게 될 테니까요. 어른들도 진짜 원인을 제대로 파악하지 못해서 헛다리를 짚을 때가 많습니다.

엄마   현민이 아빠, 우리 애가 인터넷 중독인가 봐.

아빠   하루에 얼마나 하는데?

엄마   세 시간도 넘게 하더라고.

아빠   그렇게 많이? 공부는 언제 하나. 학원은 제대로 가?

엄마   확인해 보니까 학원도 가끔 빼먹는대. 아무래도 PC방에 가는 것 같아.

아빠   왜 그러지? 왜 인터넷에 빠진 거야?

엄마   요즘 그런 애들 많잖아. 공부하기 싫어서 그러는 거 아닐까? 성적도 좋지 않으니까…….

아빠   그렇겠네. 공부하기 싫어서 인터넷에 빠졌나 본데. 이 녀석을
       어떻게 하면 좋을까?

엄마   글쎄, 집이야 인터넷을 끊을 수도 있지만 밖에서는 뾰족한 수가
       없네.

아빠   어쩐다. 큰일이네.

엄마 아빠는 현민이가 인터넷에 중독된 게 공부 때문이라고 결
론을 내렸습니다. 공부하기 싫어서 인터넷만 한다는 것이지요.
우리 부모님들이 하는 흔한 추측입니다. 세상이 귀찮은지 매일
게임만 하고 있다. 게임만 하는 이유를 모르겠다. 이런 이야기도
자주 들리지요. 그런데 인터넷에 중독된 진짜 원인이 과연 공부
가 싫어서일까요? 혹시 거짓 원인은 아닐까요?

감기에 걸리면 열이 나지 않습니까. 그런데 열이 감기의 원인
인가요? 아닙니다. 감기에 걸리는 진짜 원인은 바이러스입니다.
몸 안에서 바이러스와 싸우느라 열이 나는 거지요. 열은 감기에
걸린 결과입니다. 따라서 열을 감기의 원인이라고 생각하는 건
거짓 원인의 오류입니다.

인터넷 중독도 마찬가지입니다. 인터넷에 중독되면 공부하기
싫어지는 경우가 많습니다. 그렇다면 인터넷에 중독된 진짜 원인

은 무엇일까요? 사람마다 다를 겁니다. 혹시 부모의 지나친 기대
도 원인 중 하나 아닐까요? 자식을 내가 소유했다고 생각하는 부
모라면 자식에게 많은 기대를 하기 마련입니다. 내 자식이 공부
를 못할 리 없다, 내 자식은 당연히 좋은 대학에 가야 한다, 이런
식으로 생각하는 부모님을 두었다면 말할 수 없이 부담감이 크
겠지요. 그 부담감에서 벗어나기 위해 눈을 돌리다 인터넷 세상
에 빠져드는 경우도 많지 않을까요?

　게다가 현민이네 엄마는 요즘 인터넷에 중독된 아이들이 많다
며 그것을 일반적인 일인 양 인정했습니다. 이처럼 나만 그런 게
아니라고 일종의 정당화를 하는 청소년과 부모님들이 많지요. 이
럴수록 인터넷에 중독된 진짜 원인은 완벽하게 숨겨집니다. 결국
부모님들은 공부를 싫어한다든지 아직 정신을 못 차렸다든지 하
는 거짓 원인을 들먹이며 해결 방법을 찾으려 서두릅니다. 하지
만 진짜 원인을 모르는 채로는 제대로 된 해결책을 찾기가 쉽지
않지요. 현민이네 부모님 역시 진짜 원인에 대해 좀 더 깊게 고민
해야 할 것 같습니다.

　이번에는 여러분이 『흥부전』만큼이나 잘 아는 이솝 우화의
「금도끼와 은도끼」 이야기에서 오류를 찾아보겠습니다. 한 나무

꾼이 나무를 베다가 강물에 도끼를 빠뜨렸습니다. 그러자 메르쿠리우스 신이 나타났습니다. 나무꾼은 금도끼를 잃어버렸느냐는 신의 물음에 아니라고 하고, 은도끼를 잃어버렸느냐는 물음에도 아니라고 합니다. 신이 쇠도끼를 보여 주자 그제야 자기 것이라고 답했지요. 그랬더니 신은 나무꾼의 진실하고 올바른 마음에 감탄해서 금도끼와 은도끼까지 모두 그에게 주었다는 겁니다.『흥부전』과 이야기 흐름이 매우 비슷하지요? 그다음도 크게 다르지 않습니다. 다른 나무꾼이 이 이야기를 듣고 욕심이 나서 일부러 쇠도끼를 강에 빠뜨립니다. 역시 신이 금도끼를 들고 나타나 이것을 잃어버렸느냐고 묻자 나무꾼은 눈이 휘둥그레져서 망설임 없이 그렇다고 답합니다. 화가 난 신은 쇠도끼마저 돌려주지 않았습니다. 결말 역시 놀부와 비슷하지요.

「금도끼와 은도끼」 이야기도 마찬가지로 거짓 원인의 오류를 잘 보여 줍니다. 신을 속이려던 두 번째 나무꾼은 원인을 잘못 파악했습니다. 첫 나무꾼은 도끼를 강에 빠뜨렸기 때문에 금도끼, 은도끼를 얻은 게 아닙니다. 남의 것을 욕심내지 않는 정직한 마음이 진짜 원인이었습니다.

「금도끼와 은도끼」는 서양의 것이고 『흥부전』은 우리 고전인데 이처럼 닮았다니 신기하지 않습니까? 구조가 거의 비슷하지요. 똑같이 거짓 원인의 오류를 이용해서 이야기가 흘러갑니다. 사람들의 사고 구조는 다들 비슷했던 모양입니다.

거짓 원인의 오류를 이야기 속에서만 발견할 수 있는 것은 아닙니다. 실제로 일어났던 역사적 사건을 놓고도 설명할 수 있습니다. 바로 임진왜란입니다.

임진왜란은 무려 칠 년 동안 조선의 땅을 온통 폐허로 만든 큰 전쟁이었습니다. 한데 조선이 전쟁에 충분히 대비하지 못한 이유를 당시 통신사로 일본에 다녀온 김성일 탓이라고 하는 경우가 있습니다. 일본에서 돌아온 김성일이 임금에게 일본이 쳐들어오지 않을 것이라고 보고했기 때문에 조선이 전쟁에 대비하지 못했다는 겁니다. 실제로도 김성일은 전쟁이 일어난 뒤 잘못된 보고를 했다는 죄로 파직당합니다. 조정 사람들이 전쟁의 원인을 김성일에게 돌린 것이지요.

그런데 과연 순전히 김성일 때문에 조선이 전쟁을 대비하지 않았을까요? 주목해야 할 사실은 김성일과 함께 일본에 다녀온 통신사 황윤길은 일본의 침략을 경고했다는 점입니다. 그렇다면 중요한 건 함께 일본에 다녀온 두 사람의 반대되는 보고 중 어느 쪽을 선택할 것인가 하는 점입니다. 누구 의견이 선택되었나요? 김성일이었습니다. 그럼 누가 선택했을까요? 전쟁에 대비하지 않은 책임을 묻는다면 선택한 사람에게 물어야겠지요. 당연하지만 김성일이 스스로 선택하지는 않았습니다. 바로 왕과 대신들이 선택했지요.

더욱이 당시에는 일본이 침략을 준비하고 있다는 분명한 증거들이 많이 있었습니다. 도요토미 히데요시가 조선에 보낸 답서에는 명나라로 가는 길을 안내하라고 쓰여 있었고, 전쟁 일 년 전에 조선에 온 사신도 침략을 공언했거든요. 증거가 분명한데 왕과 대신들은 왜 김성일의 보고만 귀담아들었을까요? 아마 왕을 비롯한 지도부가 현실을 외면하고 싶었기 때문 아닐까요. 전쟁이 일어날 가능성을 고려하고 싶지 않았던 것이지요.

그러니 전쟁을 막지 못한 게 김성일 탓이라고 주장하는 건 거짓 원인의 오류에 해당합니다. 잘못된 원인을 진짜 원인인 양 착각한 것입니다. 일본의 침략에 제대로 대비하지 못한 가장 큰 이유는 조선 지도층의 전쟁 회피 심리였습니다.

논리학은 옛날이나 지금이나 동서양을 가리지 않고 널리 적용할 수 있습니다. 그러니 겉만 보고 판단하지 말고 속까지 들여다

보는 습관을 길러야 합니다.

　지금까지 비형식적 오류에 대해 알아봤습니다. 꽤 종류가 많은 것 같지만 따져 보면 꼭 그렇지도 않습니다. 처음 말한 대로 오류란 좋은 논증을 방해하는 요소입니다. 제대로 의사소통을 하지 못하도록 막는 것이지요. 비형식적 오류는 대화의 규칙을 어기거나 판단의 근거가 충분하지 않아서 일어납니다.

　좀 더 단순하게 정리하지요. 좋은 논증을 만들려면 전제와 결론 사이에 관계가 있어야 하고 전제는 참이어야 합니다. 그리고 전제가 결론을 뒷받침하기에 충분해야 하고, 예상되는 반박을 미리 잠재워야 합니다. 단순하긴 한데 좀 어렵다고요? 좋은 논증의 조건에 대해서는 다시 예를 들며 알아볼 생각입니다.

　어쨌든 비형식적 오류는 이 조건 중에서 전제와 결론이 관련이 있어야 한다는 것과 전제가 결론을 충분히 뒷받침해야 한다는 것을 지키지 못할 때 주로 발생합니다. 다시 말해 전제와 결론이 관련이 없거나 전제가 부실하면 비형식적 오류가 됩니다.

　취업 면접에서 자신이 얼마나 불쌍한가를 말하는 것은 취업 자격과는 관련이 없습니다. 또한 가격이 싸다는 이유만으로 식료품을 다 먹지도 못할 만큼 많이 사는 것은 경제적이지 못하고 근거

도 빈약합니다. 이런 경우가 앞서 배운 비형식적 오류입니다.

겉보기에 아무 문제가 없어도 비형식적 오류일 수 있습니다. 그 사람은 부자야. 왜냐하면 돈이 많으니까. 이런 식으로 말한다면 전제와 결론이 똑같으므로 순환 논리의 오류가 됩니다. 부자는 돈이 많은 사람을 뜻하니까요. 그러니 위의 말을 다시 쓰면 '그 사람은 돈이 많아. 왜냐하면 돈이 많으니까.'가 됩니다. 'p이기 때문에 p이다.'라는 것은 얼핏 보면 문제가 없지만 좋은 논증이라고 보기 어렵지요.

이에 반해 형식적 오류는 연역적 규칙을 어길 때 발생합니다. 다시 말해 논리적으로 추론할 때 지켜야 하는 규칙을 어긴 겁니다. 여러분, 셈을 해 보았지요? $3 \times \bigcirc = 15$에서 $\bigcirc$에 어떤 수가 들어갈까요? 답은 5일 수밖에 없습니다. 여기에 6을 넣고 아무리 우긴들 정답이 될 수는 없지요. 그게 곱셈의 규칙이니까요.

연역적 규칙도 마찬가지입니다. 추론할 때도 지켜야 하는 규칙이 있습니다. 이를 어긴다면 아무리 그럴듯해도 논리적으로 오류일 수밖에 없습니다. 그렇다면 어떤 규칙을 지켜야 할까요? 이 규칙에도 꽤 여러 종류가 있습니다.

벌써 겁먹지 않아도 괜찮습니다. 일상생활에서 쉽사리 만날 수 있는 오류만 다룰 테니까요.

우리가 셈본의 규칙을 알아서 3×○ =15의 빈칸을 채우듯이, 형식적 오류도 타당한 논법의 규칙만 알면 바로 발견할 수 있습니다. 하지만 역시 아주 단순한 셈보다는 복잡해서 우리는 자기도 모르는 사이에 자주 형식적 오류의 함정에 빠지곤 합니다. 너무 자연스러워서 그것이 오류인지도 잘 모르는 지경이지요. 그러니 먼저 우리가 어떤 형식적 오류를 자주 저지르는지 살펴보고, 오류가 아닌 타당한 형식이 무엇인지까지 알아보겠습니다.

자, 그럼 리안이의 일기를 좀 더 봐야겠습니다. 먼저 성적과 피자 이야기로 형식적 오류를 시작해 볼까요?

대화의 규칙을 어겼을 때, '비형식적 오류'

- **강조의 오류** 대화에서 특정한 말을 지나치게 강조해서 쓰 거나 강조해서 받아들이는 오류.

  예) 엄마가 밥 먹으라고 해서 반찬은 안 먹었어.

- **성급한 일반화의 오류** 적은 사례를 섣불리 일반화해 결론을 내리는 오류.

  예) 강아지를 몇 마리 봤는데 다 예쁘더라. 원래 강아지는 다 예쁜가 봐.

- **정황적 오류** 똑같은 말인데도 누가 했느냐에 따라 다르게 받아들이는 오류.

  예) 역시 일본인들이 하는 말은 믿을 게 못 돼.

- **군중에 호소하는 오류** 어떤 주장의 옳고 그름을 따질 때 내용을 살피지 않고 다른 사람들의 생각을 기준으로 판단하는 오류.

  예) 애들이 제일 많이 다니는 학원이 가장 잘 가르치는 거야.

- **피장파장의 오류** '너도 나랑 마찬가지인데, 내 잘못을 지적하다니 받아들일 수 없다.'라고 생각하는 오류.

  예) 엄마도 공부 못했으면서 왜 나한테는 공부하라고 해?

- **인신공격의 오류** 누군가의 주장에 대해 내용과 상관없는 그 사람의 인격, 과 거 등에 선입견을 품고 공격하는 오류.

  예) 쟤는 원래 거짓말쟁이잖아. 그러니까 저 말은 믿을 수가 없어.

- **흑백 사고의 오류** 어떤 상황에 선택지가 두 가지밖에 없다고 생각하는 오류.

  예) 공부 잘하면 의사가 되는 거고, 못하면 거지가 되는 거야.

- **공포에 호소하는 오류** 상대를 논리적으로 설득하지 않고 공포심을 불러일 으켜 강요하는 오류.

  예) 너 자꾸 말 안 들으면 저기 산에 갖다 버린다.

- 허수아비 공격의 오류 존재하지도 않은 뭔가를 트집 잡아 공격하는 오류.
  - 예) 학교 다니기 힘들다고? 죽겠다는 거야? 너 그걸 말이라고 하니?
- 의도 확대의 오류 말하는 사람의 뜻을 과장해서 받아들이는 오류.
  - 예) 잠깐 쉬고 싶다고? 너 아예 그만두려는 거지?
- 발생학적 오류 타고난 성질이 계속해서 바뀌지 않을 거라 여기는 오류.
  - 예) 쟤네는 집안 대대로 술 고래라니까 같이 어울리지 마.
- 연민에 호소하는 오류 상대방의 연민을 자극해서 설득하려 드는 오류.
  - 예) 저희 집이 사정이 안 좋으니 이번만 좀 봐주세요.
- 무지에 호소하는 오류 참인지 거짓인지 알 수 없으니 자기주장이 옳다고 하는 오류.
  - 예) UFO가 존재하지 않는다는 증거 없잖아. 그러니까 UFO는 있는 거야.
- 복합 질문의 오류 한 질문으로 두 가지를 한꺼번에 물었을 때 일어나는 오류.
  - 예) 너는 왜 선생님 말을 안 듣니?
- 순환 논리의 오류 'A니까 A이다.'처럼 전제와 결론이 같아서 생기는 오류.
  - 예) 그는 애국자입니다. 왜냐하면 나라를 진정으로 사랑하거든요.
- 잘못된 권위에 호소하는 오류 관련이 없는 권위자의 의견을 근거로 삼아서 주장하는 오류.
  - 예) 우리 할아버지가 물리학자인데, 무화과 빵이 머리에 좋다고 하셨어. 그러니까 너도 먹어.
- 애매어의 오류 한 단어가 두 가지 의미로 쓰일 때 일어나는 오류.
  - 예) 선생님은 나더러 만날 인간이 되라고 하신다. 난 뭐 오랑우탄인가?
- 근시안적 귀납의 오류 전체가 아닌 아주 가까운 곳만 보고 판단하는 오류.
  - 예) 어차피 신형 스마트 폰이 계속 나오니까 1년 뒤에 사야겠어.
- 거짓 원인의 오류 잘못된 원인을 진짜라고 착각하는 오류.
  - 예) 공부하기 싫으니까 인터넷에 중독된 거야.

3

논리식을 세우자, 똑똑하게 따지자

사건 14

피자가 날아갔다!

리안이의 일기

오늘은 슬픈 날이다. 피자가 날아가고 말았으니까. 오늘 시험 성적
이 나왔는데 87점이었다. 아, 3점이 아쉽다. 한 문제만 더 맞혔어도
피자를 먹을 수 있었는데. 집에 가는 길 내내 피자를 못 먹게 돼서 기
분이 별로였다. 엄마는 이번 시험에서 90점 이상을 받으면 피자를 사

준다고 약속했다. 물론 87점도 평소보다는 잘 본 거다. 하지만 약속을 지키지 못했으니 어쩔 수 없겠지. 떼를 쓰면 먹을 수도 있지 않을까 잠깐 생각했지만, 평소 엄마 성격을 생각하면 어림없어 보였다. 엄마는 약속을 잊지 않고 그대로 지키는 사람이니까. 90점을 받지 못했으니 다음 시험을 잘 보는 수밖에 없겠다.

과연 리안이가 피자를 먹을 수 있는 방법은 없는 것일까요? 떼쓰지도 않고, 엄마 대신 아빠한테 사 달라고 조르지도 않고, 자기 용돈을 쓰는 일도 없이 엄마에게서 피자를 얻어먹는 방법은 정녕 없을까요?

여기 방법이 있습니다. 떼쓸 필요 없이 논리적으로 따지면 됩니다. 정말 가능하냐고요? 불가능하지는 않습니다. 이제 그 방법을 알아보도록 하겠습니다.

★ 90점 이상을 맞았다면?

물론 시험 점수가 90점 이상이라면 피자를 먹을 수 있습니다. 엄마가 약속을 지킨다는 전제하에서요. 이럴 때 엄마들은 대체로

기꺼이 약속을 지킵니다. 자녀의 성적이
좋으면 다들 기뻐하잖아요.

　그런데 여기에서 엄마가 한 약속을 논리
식으로 한번 표현해 볼까요? 식으로 표현하면
훨씬 명확해지거든요. 논리식에 겁먹을 필요는
없습니다. 구구단 외우기가 처음에는 어려워도 금방 익숙해졌듯
이 논리식도 곧 익숙해질 테니까요. 자, 우선 논리식의 기본적인
기호들을 소개하겠습니다.

1. $p \rightarrow q$

2. P

3. $\therefore q$

　1번은 'p이면 q이다.'라고 읽습니다. 화살표가 앞뒤 말을 연결
해 주지요. 2번은 'p이다.'라고 읽고, '∴'라는 기호는 '그러므로'
또는 '따라서'라는 뜻이니 3번은 '따라서 q이다.'라고 읽으면 됩
니다.

　그리고 p, q에는 각각 명제를 대입하면 됩니다. 명제란 참인지
거짓인지 판단할 수 있는 문장입니다. 예를 들어 '나는 남자다.'

라는 문장은 명제이지만, '조용히 해라.' 같은 명령문은 참 거짓
을 판단할 수 없으니 명제가 아니지요. 그리고 명제를 꼭 'p', 'q'
따위로 표기하지는 않아도 됩니다.

이제 p에 '이번 시험에서 90점 이상을 받는다.'라는 명제를 넣
어 봅시다. q에는 '피자를 사 준다.'를 넣겠습니다. 그러면 앞선
논리식을 이렇게 풀어 쓸 수 있지요.

> 1. 이번 시험에서 90점 이상을 받는다. → 피자를 사 준다.
>
>   (이번 시험에서 90점 이상을 받는다면 피자를 사 준다.)
>
> 2. 90점 이상을 받았다.
>
> 3. 따라서 피자를 사 준다.

이런 형식을 '긍정식'이라고 부릅니다. 어렵다고요? 어떤 것이
든 처음 배울 때는 생소합니다. 너무 걱정하지 말고 천천히 따라
가 봅시다.

긍정식은 타당한 형식입니다. 타당하다는 말은 이런 틀로 생각
하면 형식 면에서 언제나 아무런 문제가 없다는 뜻입니다. 즉 전
제가 참이라면 늘 결론이 참이라는 겁니다. 전제란 결론 앞에 나

오는 조건들을 가리킵니다. 앞선 논리식에서는 1번과 2번이 전제에 해당하지요. 결론은 '따라서' 혹은 '그러므로' 기호 뒤에 나오는 명제입니다. 긍정식은 가장 기초적이고 중요한 논리식이니 꼭 기억해 놓기를 바랍니다.

긍정식에 익숙해질 겸, 다른 예를 살펴볼까요?

> 500만 원이 있으면 이번 방학에 유럽 여행을 갈 수 있다. 그런데 나한테는 500만 원이 있으니까 이번 방학에 유럽 여행을 떠날 수 있다.

물론 사정이 생겨 못 갈 수도 있고, 부모님의 반대로 못 갈 수도 있지만 이처럼 추론하는 데는 아무런 오류도 없습니다. 논리식으로 표현하는 것도 어렵지 않지요.

1. $p \rightarrow q$ (500만 원이 있으면 유럽 여행을 할 수 있다.)

2. p (500만 원이 있다.)

3. $\therefore q$ (따라서 유럽 여행을 할 수 있다.)

한두 문장을 긍정식으로 바꾸는 건 이제 쉽다고요? 그러면 이번에는 대화 속에서 논리식을 찾아봅시다.

엄마   이 녀석아, 네가 내 자식이라면 이렇게까지 말을 안 들을 수가 없어.

수민   그럼 엄마 자식 아닌가 보죠, 뭐.

엄마   뭐라고? (아, 혈압 올라.)

엄마가 목뒤를 붙잡을 만한 상황이네요. 어쨌든 엄마의 주장을 논리식으로 바꿔 쓸 차례입니다.

p: 너는 내 자식이다.

q: 내 말을 잘 듣는다.

1. p → q   (네가 내 자식이라면 내 말을 잘 들을 것이다.)

2. p   (너는 내 자식이다.)

3. ∴ q   (그러므로 내 말을 잘 들을 것이다.)

이렇게 정리할 수 있겠지요. 엄마의 말은 논리적으로 아무런 문제가 없습니다. 전제가 참인지 따져 봐야겠지만 긍정식이기에 형식은 타당합니다. 이제 본론으로 들어갑시다. 과연 리안이가 90점을 받지 못해도 피자를 먹을 수 있을까요?

✦ 87점인데 피자를 먹었다고?

90점을 받지 못했는데 피자를 먹을 수 있는 방법은 바로 엄마의 논리에 문제가 있음을 밝히는 겁니다.

엄마는 리안이의 점수를 듣고 분명 이렇게 말하겠지요.

> 엄마   90점 이상을 받으면 피자를 사 준다고 했는데 87점밖에 못 받았네. 약속대로 피자를 사 줄 수가 없구나.

이런 말 자주 들어 봤다고요? 엄마의 말은 틀림없이 맞는 것 같습니다. 하지만 논리적으로 따져 보면 그렇지 않다는 것을 알게 됩니다. 앞서 배운 대로 엄마의 논리를 식으로 표현해 봅시다. 그렇게 하면 단순하고도 분명하게 논리의 구조를 알 수 있으니까요.

p: 90점 이상을 받는다.

q: 피자를 사 준다.

~p: 90점 이상을 받지 못한다.

여기에서 p 앞에 붙은 '~' 기호는 부정을 뜻합니다. '피자를 사 주지 않는다.'는 '~q'가 되겠지요. 그냥 그렇게 표기하기로 정해진 논리학 기호이니 외워 줍시다. 그럼 엄마의 논리는 다음과 같이 표현할 수 있겠지요.

1. P → q
2. ~P
3. ∴ ~q

처음 보는 식이라 헷갈린다고요? 하나씩 문장으로 다시 써 보면 복잡하지 않습니다.

1. 90점 이상을 받으면 피자를 사 준다.

2. 90점 이상을 받지 못했다.

3. 따라서 피자를 사 주지 않는다.

논리식으로 바꿔도 여전히 이상이 없어 보입니다. 엄마 말씀이 옳지 않습니까? 약속대로 하는 것이니까요.

하지만 이 형식 자체가 오류입니다. 즉 이런 식으로 생각하면 잘못이라는 말입니다. 엄마가 저지른 오류를 '전건 부정의 오류'라고 합니다. 쉽게 풀어서 설명하겠습니다.

어떤 게 가장 어려워 보이나요? '전건'이라는 말이 제일 생소하지요. 전건이란 화살표 앞에 나오는 말을 가리키는 단어입니다. 풀어 쓴다면 '앞에 나오는 조건'이라는 뜻이지요. 예를 들어 'p → q'라는 논리식에서는 p가 전건이고, 'q → r'라는 논리식에서는 q가 전건입니다.

전건이 화살표 앞에 나오는 말이니 화살표 뒤에 나오는 말에도 이름이 있겠지요? 화살표 다음에 나오는 문장은 '후건'이라고 합니다. 'p → q'에서는 q가 후건이고, 'q → r'에서는 r가 후건에 해당합니다.

엄마의 논리가 왜 오류인지 구체적으로 따져 보기 전에 이해를 돕기 위해 형식이 무엇인지 좀 더 알아보는 게 좋겠습니다.

여러분, 놀이공원에 가면 입장권을 사지 않습니까? 그때 만약 입장료가 14세 이상은 17,000원이라고 한다면 14세 이상인 사람은 남자든 여자든 못생겼든 잘생겼든 박사이든 고등학생이든 모두 똑같은 값을 치릅니다. 14세 이상이라는 조건이 만족된다면 그 사람의 다른 어떤 조건과 상관없이 17,000원을 내야 한다는 말입니다. 유공자나 장애인 우대 같은 예외적인 규칙이 있지 않은 한 그렇지요.

놀이공원에 입장할 때 14세 이상이면 무조건 17,000원을 내야 한다는 것은 '형식적' 조건입니다. 내용과 상관없이 적용된다는 뜻입니다.

앞서 우리가 만든 논리식에 나온 p와 q도 '형식적'인 것입니다. p나 q에 무슨 문장이 오든 상관없다는 것을 나타내기 때문입니다. 수학 시간에 방정식을 배울 때 $y=2x$라는 식이 나오지요. 이런 수학식도 형식 논리를 따르고 있습니다. x에 어떤 수가 들어가든 y는 그 두 배라는 뜻이니까요.

지금 중요한 것은 내용이 아니라 형식입니다. 논리식의 형식이 타당한가를 따지기 때문입니다. 그런데 전건 부정이라는 형식은 타당하지 않습니다. 즉, 논리를 받아들일 수 없다는 말입니다.

그럼 전건 부정의 오류인 예를 한 가지 들어 보겠습니다.

1. 리안이가 남자라면 사람이다.

2. 리안이는 남자가 아니다.

3. 따라서 리안이는 사람이 아니다.

척 봐도 이상하지요? 리안이는 여자인데 결론을 보니 사람이 아닌 걸로 되었습니다. 어째서 이런 일이 벌어졌을까요? 위의 문장을 기호를 이용해 정리하면 다음과 같습니다.

p: 리안이는 남자다.

q: 리안이는 사람이다.

~p: 리안이는 남자가 아니다.

~q: 리안이는 사람이 아니다.

그러니 이렇게 쓸 수 있습니다.

1. p → q (리안이가 남자라면 사람이다.)

2. ~p   (리안이는 남자가 아니다.)

3. ∴ ~q   (따라서 리안이는 사람이 아니다.)

논리식으로 만들기는 했는데, 이게 말이 됩니까? 리안이는 엄연히 사람인데 이 논증을 따르면 리안이가 사람이 아니라는 결론이 나와 버리네요. 왜 이런 일이 일어났을까요?

'p → q'는 맞는 말입니다. 리안이가 남자라면 물론 사람이겠지요. '~p'도 맞는 말입니다. 리안이는 남자가 아닙니다. 여자입니다. 그런데 결론은 이상하지요.

이런 오류가 일어난 것은 전건 부정의 오류를 저질렀기 때문입니다. 즉 형식 자체가 잘못되었기 때문에 그 어떤 내용이라도 이 형식에 넣으면 잘못된 결론이 나오는 겁니다.

이제 리안이네 엄마의 논리와 리안이가 사람이 아니라는 논리를 비교해 보면 전건 부정의 오류가 바로 드러납니다. 왜냐하면 두 논리의 형식이 완전히 똑같기 때문입니다.

	A	B
$p \rightarrow q$	90점 이상을 받으면 피자를 사 준다.	리안이가 남자라면 사람이다.
$\sim p$	90점 이상을 받지 못했다.	리안이는 남자가 아니다.
$\therefore \sim q$	따라서 피자를 사 주지 않는다.	따라서 리안이는 사람이 아니다.

어때요, 똑같지 않습니까? 하지만 유감스럽게도 이 형식은 타당하지 않습니다. 다시 말해서 이 형식에는 어떤 내용이 들어가더라도 올바른 결론이 나올 수 없습니다.

타당하다는 말은 전제가 참이면 언제나 결론도 참이라는 뜻입니다. 표에 나오는 A와 B는 형식 자체가 타당하지 않기 때문에 전제가 옳은지 그른지 따질 필요도 없습니다. 운동 경기로 따지자면 예선 탈락인 셈이지요.

이에 반해 앞서 보았던 긍정식은 '타당한 형식'입니다. 그러니 전제가 참이면 언제나 결론도 참입니다. 긍정식에서는 전제가 참인지만 따지면 됩니다. 전제가 참이라면 결론을 받아들여도 괜찮지요.

그래도 조금 이상합니다. 90점을 받지 못했으니까 피자를 사 줄 수 없다는 엄마의 말은 여전히 그럴듯하게 느껴지니까요. 바로 그래서 우리가 논리를 배우는 겁니다. 우리들이 언뜻 생각했을 때 받는 느낌과 실제 논리는 종종 다를 때가 있습니다. 물론 기쁨이나 슬픔 같은 감정까지 논리로만 따지고 들면 조금 삭막해 보이긴 하지요. 하지만 생각은 논리적으로 따져야 합니다. 그래야 결과가 옳은지 판단하고 그에 맞게 행동할 수 있으니까요.

어쨌든 리안이가 피자를 먹을 수 있는 길이 열렸습니다. 엄마의 주장은 '전건 부정의 오류'이기 때문입니다. 그렇다고 엄마가 피자를 꼭 사 줘야 하는 것도 물론 아닙니다. 다만 피자를 사 주지 않아도 된다는 엄마의 주장은 타당하지 않으므로 거부할 수 있겠지요.

사건 15

90점도 아닌데 피자를 먹었다고?

지수의 일기

리안이가 어제 피자를 먹었다고 한다. 리안이네 엄마가 사 주셨단

다. 그럼 리안이가 이번 시험에서 90점 이상 받았나? 아, 안 되는데.

우리 엄마가 알면 리안이보다 시험 못 봤다고 또 잔소리할 텐데. 그런

데 리안이가 시험을 그렇게 잘 본 것 같지는 않던데……. 피자를 먹었

다고 하니 90점은 넘은 모양이네. 난 아직 엄마한테 몇 점인지 말도 안 했으니....... 이따가 학원 끝나고 집에 가서 말해야겠다. 설마 리안이 점수를 벌써 알고 있지는 않겠지? 그런데 어떻게 리안이가 90점을 넘었을까? 나도 리안이 다니는 데로 학원을 옮겨 볼까?

지수의 생각대로 리안이가 90점을 넘겼나요? 아닙니다. 리안이는 87점을 받았습니다. 그런데 왜 지수는 리안이 점수가 90점을 넘었을 거라고 생각할까요? 리안이한테서 90점을 넘으면 엄마가 피자를 사 주기로 했다는 얘기를 들었고, 실제로 피자를 먹었다고 하니 90점을 넘긴 모양이라고 짐작한 것이지요.

아마 사람들은 대부분 지수처럼 추론할 겁니다. 하지만 이렇게 추론하면 잘못입니다. 다시 말해서 이런 형식의 추론은 '타당하지 않다'는 것이지요. 왜일까요?

한번 생각해 보지요. 새로 전학 온 학생이 인기가 좋다는 소문을 들었다고 합시다. 그 소문을 듣고 전학생이 잘생겨서 인기 있는 모양이라고 생각한다면 오류를 저지르는 겁니다. 이 추론이 왜 오류인지는 논리식으로 만들어 보면 명확히 알 수 있습니다.

p: 전학 온 학생이 잘생겼다.

q: 그 학생은 인기가 좋다.

1. p → q   (전학 온 학생이 잘생겼다면 인기가 좋을 것이다.)

2. q   (그 학생은 인기가 좋다.)

3. ∴ p   (따라서 전학 온 학생은 잘생겼다.)

아직도 어디가 잘못됐는지 잘 모르겠다고요? 일단 논리학에서는 이런 식의 잘못을 '후건 긍정의 오류'라고 부릅니다. 앞서 후건이란 'p → q'에서 화살표 뒤에 나오는 q를 가리킨다고 했지요. 그러면 후건 긍정의 오류란 무슨 뜻일까요? 바로 후건을 긍정함으로써 전건, 즉 화살표 앞에 자리한 p를 결론으로 삼으면 잘못이라는 겁니다. 후건 긍정의 오류는 잘못된 추론 형식으로 이 형식대로 추론하면 오류를 저지르게 됩니다.

실제 사례가 없는 설명만으로는 헷갈릴지도 모르니 지수의 추론에 적용해 봅시다. 지수는 리안이가 피자를 먹었다는 말을 듣고 이렇게 생각했겠지요.

p: 리안이가 90점 이상을 받는다.

q: 리안이 엄마가 피자를 사 준다.

1. p → q

2. q

3. ∴ p

1. 리안이가 90점 이상을 받으면 리안이 엄마는 피자를 사 준다.

2. 리안이네 엄마가 피자를 사 줬다.

3. 따라서 리안이는 90점 이상을 받았다.

알다시피 사실 리안이의 점수는 87점이었지요. 따라서 지수는 후건 긍정의 오류를 저질렀고, 잘못된 결론을 내린 겁니다. 그런데 지수는 후건 긍정의 오류를 자주 저지르는 모양입니다. 이번에는 영화 때문에 일어난 일입니다.

지수   수민아, 그 영화 봤어? 천만 관객이 들었다는 영화 있잖아.

수민   아하, 그 블록버스터. 난 안 봤는데, 왜?

지수   주말에 보러 가려고. 재미있으니까 많이들 본 거 아니겠어?

수민   꼭 그렇지는 않아. 할인표가 많이 나돈 거 아냐?

지수   넌 꼭 삐딱하게 나오더라. 재미있으니까 천만 명이나 봤겠지.

수민   그래도 어쩐지 난 보고 싶은 생각이 안 들어.

 지수는 영화가 재미있으면 많은 사람이 본다고 생각했군요. 그러니까 어떤 영화가 많은 관객을 끈 것을 보고 재미있겠다고 추측했고요. 이미 많이들 봤지만 이제라도 보러 가려고 합니다. 지수의 생각을 논리식으로 정리하면 다음과 같습니다.

p: 재미있는 영화다.

q: 그 영화는 많은 사람이 봤다.

1. p → q   (재미있는 영화라면 많은 사람이 본다.)

2. q   (그 영화는 많은 사람이 봤다.)

3. ∴ p   (따라서 재미있는 영화다.)

역시 후건 긍정의 오류이지요. 앞선 예들처럼 후건 긍정의 오류는 아주 흔합니다. 너무 자연스러워서 오류라고 배워도 종종 똑같은 실수를 반복할 정도입니다. 하지만 우리는 이처럼 아예 형식이 잘못된 추론은 피해야 합니다.

그런데 이 영화 사례에서 지수가 다른 오류도 저질렀다는 걸 눈치챘나요? 바로 앞서 살펴봤던 군중에 호소하는 오류입니다. 천만 명이나 보았으니 무조건 재미있는 영화라고 믿는다면 잘못이지요. 관객 수가 영화의 질이나 재미를 보증하지는 않는다는 것, 이제 이해하겠죠?

사건 16

오디션을 보다

엄마의 일기

멀쩡하게 공부 잘하던 리안이가 가수가 되고 싶다는 꿈을 털어놓은 게 한 달 전쯤이다. 처음에는 매우 놀랐지만 요즘 애들은 대부분 꿈이 연예인이라는 이야기를 자주 들었던 터라 며칠 지나자 마음이 안정되었다. 공부를 잘해서 공무원 같은 걸 하면 좋으련만 제 꿈이 그렇다니

일단 지켜보기로 했다. 무턱대고 반대한다고 될 일도 아닌 것 같고.

심하게 반대하면 오히려 가출할지도 모른다. 가출해서라도 가수가 되겠다고 할 아이다. 그래서 조건을 내걸었다. 오디션에 통과하면 밀어주겠다고. 이런저런 오디션이 많으니까 권위 있는 공개 오디션을 통과하면 지원해 줘도 되겠지. 소질이 있다는 증명이니까 나쁜 방법은 아닌 것 같다. 내일 오디션을 보러 가니 곧 알게 될 것이다. 오디션에서 떨어지면 다시 공부를 열심히 하기로 했는데 마음이 바뀔까 걱정되기도 한다.

얌전해 보이던 리안이가 가수의 꿈을 품고 있었군요. 하지만 매정하게 이야기하자면, 꿈꾼다고 해서 모두 이루어지지는 않지요. 아무나 우사인 볼트처럼 빨리 달리고 아이유처럼 노래를 잘 부르는 것은 아니니까요.

리안이네 엄마는 현명하게도 리안이의 꿈을 무시하거나 반대하는 대신 현실적인 진단을 내렸습니다. 과연 리안이에게 가수로서 성공할 소질이 있는지 오디션을 보아서 가려내기로 했네요.

엄마의 논리는 단순합니다. 오디션을 통과하면 가수의 길을 밀어준다는 겁니다. 이 논리를 형식화하는 것도 어렵지 않지요.

  p: 리안이가 오디션을 통과한다.

  q: 가수의 길을 걷도록 밀어준다.

  1. p → q   (리안이가 오디션을 통과하면 가수의 길로 밀어준다.)

  2. p   (리안이가 오디션을 통과한다.)

  3. ∴ q   (따라서 가수의 길을 걷도록 밀어준다.)

앞에서 본 것 같지 않습니까? 예, 맞습니다. 바로 피자와 시험 점수 이야기를 할 때 나온 '긍정식'이지요. 이 형식은 언제나 타당하다고 했고요. 하지만 또다시 긍정식을 다루려는 건 아닙니다. 이번에는 '부정식'을 다루어 보겠습니다. 부정식 역시 긍정식처럼 언제나 타당한 형식으로, 논리식은 다음과 같습니다.

$$1. \; p \to q$$
$$2. \; \sim q$$
$$3. \; \therefore \sim p$$

식만 보아서는 와 닿지 않으니 실제 사례에 적용해 보겠습니다. 그러려면 일단 리안이의 오디션 결과를 알아야 할 텐데요. 친구인 지수 역시 관심이 큰 모양입니다. 일기에 이틀씩이나 리안이의 오디션 소식에 대해 썼네요.

지수의 일기

9월 2일

리안이가 가수가 되겠다며 오디션을 보러 갔다. 며칠 전부터 학교에 소문이 자자했다. 오디션에 합격하면 엄마가 밀어주기로 했다는데 어떻게 됐는지 모르겠다. 붙었으면 리안이가 자랑했을 텐데. 아니, 새침데기니까 말하지 않을 수도 있겠다. 전부 결정된 다음에야 말할지도 모르지.

9월 3일

밤에 학원에서 돌아오니 엄마가 리안이는 가수를 포기한

것 같다고 한다. 리안이네 엄마랑 통화했는데 리안이를 밀어주는 걸 다시 생각한다고 하셨다나. 아마도 리안이가 오디션에 떨어진 모양이다. 하긴 합격이 어디 그렇게 쉬운 일인가. 그리고 리안이가 정말 노래를 잘 부르는지는 아무도 모른다. 다른 애들도 리안이가 노래 부르는 걸 들어 본 적이 없다는데. 어쨌든 오디션은 어려운가 보다.

지수는 리안이가 오디션에 떨어졌다고 추론했습니다. 리안이네 엄마가 가수의 길을 밀어주지 않기로 했으니 리안이가 오디션에 떨어졌을 거라고 말이지요. 지수의 논리는 전형적인 부정식입니다. 앞서 본 부정식에 대입해 보면 간단하게 정리됩니다.

1. p → q   (리안이가 오디션을 통과하면 가수의 길로 밀어준다.)
2. ~q   (가수의 길로 밀어주지 않는다.)
3. ∴ ~p   (따라서 리안이는 오디션을 통과하지 못했다.)

이제 부정식이 뭔지 감이 좀 잡히지요? 그런데 리안이는 정말 어떻게 됐냐고요? 네, 맞아요. 아쉽게도 오디션에서 떨어졌다고 합니다. 경쟁이 치열한 만큼 웬만한 실력으로는 힘든 모양입니다. 어쨌든 우리는 부정식에 대해 좀 더 알아보지요. 이번에는 다른 사례를 준비했습니다.

수민 저기, 지수는 남친 있냐?

리안 왜? 너 지수 좋아하니?

수민 아니, 그냥. 있는 거 같아?

리안 잘 모르겠는데. 없는 것 같긴 해. 지난주 일요일이 지수 생일이었거든.

수민 그랬는데?

리안 근데 생일 선물 하나도 못 받은 것 같더라. 우리 엄마가 지수네 엄마랑 통화하는 거 들었어.

수민 그래? 그럼 없는 거 맞네.

리안 내가 봐도 그래.

리안이의 말을 논리적으로 간단하게 정리해 보면 다음과 같습니다.

1. 남자 친구가 있다면 생일 선물을 받는다.

2. 생일 선물을 받지 못했다.

3. 따라서 남자 친구가 없다.

더욱 간단하게 논리식으로 표현해 볼까요.

p: 남자 친구가 있다.

q: 생일 선물을 받는다.

1. p → q   (남자 친구가 있다면 생일 선물을 받는다.)

2. ~q   (생일 선물을 받지 못했다.)

3. ∴ ~p   (따라서 남자 친구가 없다.)

앞서 봤던 부정식과 똑같습니다. 그러니 리안이의 추론은 타당한 형식입니다. 그런데 여기서 한 가지 따져 볼 게 있습니다. '남자 친구가 있다면 생일 선물을 받는다.'라는 전제는 참인가요? 남자 친구가 있다면 반드시 생일 선물을 받는 것일까요? 부정식이나 긍정식은 언제나 형식 면에서는 문제가 없습니다. 다만 전제가 참이어야 결론도 참이 됩니다.

사실 전제가 참인지 따지는 것은 기호로 표현되는 논리학이 할 일은 아닙니다. 논리학은 이런 형식은 타당하다, 다시 말해서 전제가 참이라면 결론이 거짓일 수 없는 형식이라고만 할 뿐 실제로 전제가 참인지는 따지지 않습니다.

하지만 우리는 전제가 참인 논증을 원합니다. 그렇지 않으면 뭐하러 복잡하게 이런 논리식들을 알아보고 있겠습니까. 실제로 우리가 관심을 기울이는 건 리안이의 오디션 결과와 오디션에 붙으면 밀어주겠다는 엄마의 결심이 진짜냐 아니냐 하는 것입니다.

형식이 타당하다 혹은 부당하다를 따지는 형식적 판단은 운동 경기로 따지면 예선에 해당됩니다. 형식적으로 타당하지 않다면 아무리 전제가 참이라 해도 받아들일 수 없는 논증이 되고 마니까요. 형식을 판단하는 예선을 통과한 뒤에, 전제까지 실제로 참이라면 비로소 결론을 받아들일 수 있고, 또 받아들여야만 하는 타당한 논증이 되는 것이지요. 구체적인 예를 살펴보면서 형식적 판단과 전제에 대해 알아봅시다.

"대한민국 남자라면 군대에 가는데, 수민이는 군대에 안 갔잖아. 그러니까 수민이는 대한민국 남자가 아냐."

고개를 갸우뚱하게 되지 않나요? 이 말을 논리식으로 다시 써 보면 앞에서 배웠던 전형적인 부정식입니다.

p: 대한민국 남자이다.

q: 군대에 간다.

1. p → q   (대한민국 남자라면 군대에 간다.)

2. ~q   (군대에 안 갔다.)

3. ∴ ~p   (따라서 대한민국 남자가 아니다.)

수민이는 누가 뭐래도 대한민국 남자입니다. 그런데 이 논리식에 따르면 수민이는 대한민국 남자가 아닙니다. 부정식은 타당한 형식인데도요. 무엇이 잘못되었을까요? 이럴 때는 전제가 참인지 따져 봐야 합니다.

자, 그럼 '대한민국 남자라면 군대에 간다.'라는 전제를 봅시다. 이 말은 참입니까? 물론 성인 남자라면 대부분 군대에 가지요. 하지만 청소년들은 해당되지 않습니다. 게다가 대한민국 성인 남자가 모두 군대에 가는 것도 아닙니다. 몸이 아프거나 군 생활에 적합하지 않은 이유가 있는 경우, 다른 특별한 사정이 있는 경우에도 군 입대가 면제되니까요. 올림픽에서 금메달을 딴 선수들도 군 복무를 면제받잖아요. 평화를 지키겠다는 신념 때문에 총을 들어야 하는 군대를 거부하는 사람들도 있고요.

그러므로 대한민국 남자라면 모두 군대에 간다는 전제는 좀 더 세심하게 살펴야 합니다. 따지고 보면 반드시 참이라고 할 수 없는 전제도 많은 법이거든요. 그러니 우리는 형식적으로 타당한 긍정식이나 부정식이라도 전제를 잘 살펴보고 참인 경우에만 결론을 받아들여야 합니다.

자, 지수의 남자 친구에 관한 리안이의 생각으로 돌아가지요. 이 경우도 마찬가지입니다. '남자 친구가 있다면 생일 선물을 받는다.'라는 전제는 참입니까? 남자 친구가 있다고 모두 생일 선물을 받지는 않지요. 선물을 주고받는 일을 번거롭게 여기는 사람들도 있습니다. 특히 생일 같은 기념일에 선물하는 것을 질색하는 사람은 생각보다 많습니다. 따라서 리안이의 전제는 참이 아닙니다.

이번에는 긍정식에서 전제를 따져 보지요. 엄마들이 자식 때문에 속상할 때 자주 하는 말이 있지요. "네가 내 자식이라면 이 엄마 말을 잘 들어야지." 얼마나 속이 타면 이런 탄식을 내뱉겠느냐만, 이 말 속에도 오류가 숨어 있습니다.

p: 너는 내 자식이다.

q: 내 말을 잘 듣는다.

1. p → q   (네가 내 자식이라면 내 말을 잘 들을 것이다.)

2. p   (너는 내 자식이다.)

3. ∴ q   (따라서 내 말을 잘 들을 것이다.)

　여러 번 봤던 타당한 긍정식입니다. 그러니 자식이라면 말을 잘 들을 것이라는 전제가 참이기만 하면 문제가 없겠습니다. 한데 모든 자식이 부모님 말을 잘 듣나요? 아니, 잘 들어야 하나요? 부모님들이야 말을 잘 듣길 바라겠지만 현실에서는 자식들이 반항하기 일쑤이지요. 그러니 모든 사람이 이 전제에 동의하지는 않을 겁니다. 예외가 있는, 참이라고 말하기 어려운 전제입니다. 자식이니까 부모 말을 잘 들었으면 좋겠다는 희망은 참일지도 모르겠지만요. 어쨌든 엄마의 탄식도 긍정식이기는 하지만 전제가 참이 아니기에 논리적으로 받아들일 수는 없습니다.

지금까지 이야기한 내용을 간단하게 정리해 보지요. 형식적으로 잘못된 논증은 전제의 참, 거짓을 따질 필요도 없습니다. 후건 긍정의 오류, 전건 부정의 오류가 여기에 해당됩니다. 하지만 타당한 긍정식이나 부정식이라 해도 결론을 받아들이기 전에 전제가 참인지 거짓인지 따져야 합니다.

그런데 앞서 논리학은 형식만 판단할 뿐이라고 했습니다. 전제의 참, 거짓을 따지는 일은 주로 개별 학문이 해야 하는 일입니다. 남자 친구가 있으면 생일 선물을 받는 게 당연한지, 대한민국 남자라면 군대를 가게 마련인지 하는 것은 실제 세계를 들여다봐야 알 수 있으니까요. 따라서 우리는 논리학뿐 아니라 다른 공부도 게을리하면 안 됩니다. 마지막으로 세계적인 문학 작품에 등장하는 논증의 전제가 참인지 한번 살펴보겠습니다.

프랑스 작가 카뮈는 『페스트』라는 소설을 써서 노벨 문학상을 받았습니다. 이 작품은 알제리의 오랑이라는 도시를 무대로 페스트라는 전염병이 인간을 지배하는 모습을 그리고 있습니다. 페스트가 번지자 오랑의 신부는 처음에는 사람들의 신앙심

이 부족한 탓에 이 재앙이 일어났다고 설교합니다. 하지만 어린 아이들까지 페스트에 걸려 죽어 가자 이후 신부의 설교는 달라지지요. 신앙심이 부족해서 페스트가 퍼지고 있다는 신부의 처음 설교를 논리식으로 정리하면 다음과 같겠지요.

> p: 신앙심이 부족하다.
>
> q: 페스트가 번진다.
>
>
> 1. p → q   (신앙심이 부족하면 페스트가 번진다.)
> 2. p   (오랑 시민들은 신앙심이 부족하다.)
> 3. ∴ q   (따라서 오랑 시에 페스트가 번진다.)

여태껏 많이 봤던 긍정식으로, 형식 면에서는 문제가 없습니다. 하지만 전제의 내용을 따지고 나면 받아들일 수 없는 논증임을 알 수 있습니다.

우선 첫 번째 전제를 봅시다. 신앙심이 부족하면 페스트에 걸린다는 말이 사실일까요? 물론 페스트 환자 중에 신앙심이 부족한 사람도 있겠지요. 하지만 신앙심이 부족하다고 무조건 페스트에 걸리는 것은 아닙니다. 왜냐하면 신에 대해 배울 기회가 없었던, 아무것도 모르는 어린아이조차 페스트에 걸려 죽었으니까요. 어린아이의 죽음을 신앙심과 연결해서 설명할 수 있을까요? 불가능하겠지요. 따라서 첫 번째 전제는 참이라고 생각하기 어렵습니다.

그러면 두 번째 전제는 어떨까요? 오랑 시의 사람들은 신앙심이 부족할까요? 그럴 수도 있고 아닐 수도 있습니다. 어떤 기준으로 사람들의 신앙심을 재느냐에 따라 달라지겠지요. 그렇기 때문에 두 번째 전제는 딱 잘라서 참 또는 거짓이라고 말하기 어렵습니다.

신부의 설교는 긍정식으로 형식 면에서는 아무런 문제가 없지만, 두 가지 전제가 모두 참이라고 말하기 어렵기 때문에 결론을 받아들일 수 없습니다.

결국 우리가 어떤 논증을 받아들일지 말지 결정하기 위해서는 두 가지를 살펴봐야 하는 셈입니다.

1. 논리학의 역할: 형식적으로 문제가 없어야 한다.
2. 개별 학문의 역할: 전제가 참이어야 한다.

따라서 우리는 우선 논리적으로 형식에 오류가 있는지부터 판단해야 합니다. 그래서 앞서 많은 오류들을 알아본 겁니다. 일단 형식에 오류가 있는 논증이라면 내용을 따져 볼 필요도 없이 예선 탈락이니까요. 논리적으로 오류가 없음을 확인한 다음에는 전제의 내용이 사실인지 따지면 됩니다. 이 점을 잊지 말고 다음으로 넘어가 봅시다.

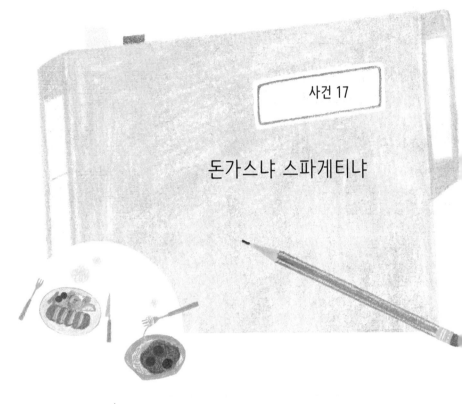

사건 17

돈가스냐 스파게티냐

리안이의 일기

오늘은 엄마 아빠랑 오랜만에 외식을 했다. 지난번에 갔던 패밀리 레스토랑에 갔다. 메뉴판을 보며 한참 고민하고 있는데 엄마가 내게 물었다.

"돈가스랑 스파게티 중에 뭐 먹을래?"

"음...... 돈가스요."

"그럼 스파게티는 안 먹는 거네? 알았어."

이러더니 엄마가 돈가스를 주문하는 게 아닌가. 엄마 말을 듣고 보니 아쉬워졌다. 스파게티도 먹고 싶었는데. 둘 다 먹겠다고 말이나 해 볼걸. 그런데 두 개 다 먹겠다고 했으면 엄마가 뭐라고 했을까? 살쪄서 안 된다고 했겠지? 아무튼 모처럼 한 외식이었는데 아쉽다.

둘 중 하나를 선택해야 하는 시간은 어쩐지 조금 괴롭습니다. 리안이는 돈가스와 스파게티를 놓고 고민했군요. 결국 돈가스를 골랐지만 속으로는 둘 다 먹고 싶었나 봅니다. 엄마는 둘 중에 한 가지를 골랐으니 스파게티는 안 먹는다는 뜻으로 받아들이고 돈가스만 주문했습니다. 별문제가 없어 보입니다. 늘 일어나는 일이니까요.

하지만 엄마의 이런 생각 역시 논리적으로 따져 보면 문제일 수 있습니다. 돈가스를 선택했으니까 스파게티를 포기한다고 생각하는 건 잘못입니다. 이해가 안 된다고요? 그럼 비슷한 예를 들어 보겠습니다.

드라마나 영화를 보면 범죄 사건이 자주 등장합니다. 형사가 용의자를 추린 다음 그중에 의심이 가는 사람을 좁혀 나가지요. 그래서 보통은 마지막에 두 명이 유력한 용의자로 떠오르고요. 이런 전개를 많이 본 것 같지요? 형사는 수사에 박차를 가해 결정적 단서를 잡아냅니다. 결국 한 사람이 범인으로 체포되지요. 여기서 끝이라면 요즘 영화치고는 시시할 겁니다. 적어도 반전이 한 번쯤은 있어야지요. 마지막에 두 용의자가 사실은 공범이었음이 밝혀진다거나 하는 식으로요.

두 사람의 용의자 중 한 명의 범인을 찾아내는 과정을 논리식으로 표현하면 다음과 같습니다.

p: 직장 동료가 범인이다.

q: 친구가 범인이다.

1. $p \lor q$ (직장 동료가 범인이거나 친구가 범인이다.)

2. p   (직장 동료가 범인이다.)

3. ∴ ~q   (따라서 친구는 범인이 아니다.)

처음 보는 기호 'ᐯ'가 나왔습니다. 'ᐯ'는 '혹은', '아니면'이라는 뜻입니다. 영어 단어 'or'에 해당하지요.

결론부터 말하자면 이런 추론은 오류입니다. '부당한 선언 논법'이라는 잘못을 저지른 건데요, 이름이 어려워 보이나요? 선언이란 '아니면'을 좀 더 무게 잡고 말한 겁니다. 그러니까 '아니면의 오류'라고 해도 상관없습니다. 하지만 우리는 선언이라는 말을 쓰도록 하지요. 먼저 선언의 의미에 대해 알아보겠습니다.

논리학에서 쓰이는 선언은 포괄적인, 그러니까 여러 선택지를 끌어안는 의미입니다. 돈가스냐 스파게티냐 하고 물을 때 둘 다라고 대답해도 괜찮다는 말입니다. 하지만 일상생활에서 선언은 배타적인, 그러니까 리안이네 엄마가 했듯이 쓰이기도 합니다. 즉 둘 중 한 가지만 된다, 한 가지를 택하면 다른 것은 자동으로 탈락이라고 말입니다. 좀 심한 예이지만 강도가 칼을 들고 위협하면서 죽을래, 돈 내놓을래, 하면 둘 중에 하나밖에 고르지 못합니다. 죽으면서 동시에 돈을 내놓겠다고 말하는 사람은 없을 테고 강도도 그런 뜻으로 한 말은 아닐 테니까요.

1775년, 미국이 영국의 식민 지배에서 고통을 겪고 있을 때 버지니아 식민지 의회에서 패트릭 헨리라는 사람이 "자유가 아니면 죽음을 달라." 하고 연설합니다. 이 연설은 미국 독립 전쟁에

불씨를 댕겼습니다.

이 연설에서 사용된 선언, '자유가 아니면 죽음'은 배타적 의미입니다. 죽으면서 동시에 자유를 얻겠다는 뜻은 아니라는 것이지요. 자유를 손에 쥐겠다는 의지를 강하게 드러낸 겁니다.

일상생활에서 쓰이는 선언이 배타적 의미일 때는 이렇게 말하기도 합니다. "돈가스 먹을래, 스파게티 먹을래? 둘 다는 안 돼. 한 가지만 골라야 해!" 이런 식으로 한쪽만 선택할 수 있다는 것을 상대에게 알리는 겁니다.

논리학에서는 선언이 포괄적인 의미로 사용되기 때문에 돈가스와 스파게티를 모두 먹어도 괜찮습니다. 한 가지를 선택한다고 해서 반드시 나머지를 버려야 하는 것은 아닙니다. 자, 그러면 부당한 선언 논법부터 알아보지요.

살인 사건 수사에 쓰인 선언 논법은 왜 부당할까요? 바로 피해자의 직장 동료와 친구가 공범일 가능성을 무시했기 때문입니다. 유력한 용의자 두 사람이 공범일 수도 있다는 점을 염두에 둔다면 한 사람이 범인이라고 해서 다른 사람이 무조건 혐의를 벗는 것은 아닙니다.

그렇다면 이제 리안이네 엄마가 한 말이 왜 부당한 선언 논법인지도 정리할 수 있습니다. 돈가스를 먹겠다는 답을 들은 엄마의 생각을 기호로 표시하면 다음과 같겠지요.

p: 돈가스를 먹겠다.

q: 스파게티를 먹겠다.

1. p ∨ q   (돈가스를 먹거나 스파게티를 먹겠다.)

2. p   (돈가스를 먹겠다.)

3. ∴ ~q   (따라서 스파게티를 먹지 않겠다.)

앞서 살인 사건에서 공범일 가능성을 무시한 예와 완전히 똑같은 형식이지요. 부당한 선언 논법입니다. 돈가스를 먹겠다고 했지만 그렇다고 스파게티를 먹지 않겠다는 말은 아닙니다. 둘 다 먹을 수도 있으니까요.

일상생활뿐만 아니라 사회적인 문제에도 부당한 선언 논법이 종종 사용되곤 합니다. 도로를 건설하기 위해 산에 상당히 긴 터널을 뚫는다는 발표가 나면 환경 단체에서는 거세게 반대하곤

하지요. 이럴 때 '개발이냐 보전이냐'라는 구호가 자주 등장합니다. 개발 아니면 보전, 이런 뜻이겠지요. 만약 개발에 찬성하면 환경은 나 몰라라 하는 사람으로 몰리기도 합니다. 환경 보전을 지지하면 무조건 개발을 반대하는 사람이라는 꼬리표가 붙기도 하고요.

전형적인 부당한 선언 논법입니다. 개발과 환경 보전은 반드시 둘 중 하나만 선택해야 하는 것은 아닙니다. 쉬운 일은 아니지만 인간에게 이롭도록 개발하면서 자연을 보전할 수도 있습니다. 실제로 터널 공사가 끝나고 몇 년 뒤 생태 조사를 해 보면 의외로 생태계가 더 풍요로워졌다는 결과가 나오는 경우도 있거든요. 물론 생태계를 해치는 잘못된 개발만 자꾸 벌이는 것은 큰 문제입니다. 우리가 자꾸만 '부당한 선언 논법'의 오류에 빠져들게 하는 이유가 되지요. 하지만 개발과 환경 보전이라는 두 마리 토끼를 동시에 잡을 가능성도 없지는 않습니다. 이를 염두에 두고 둘 중 하나가 아닌, 둘 다를 끌어안는 방법을 고민하는 편이 더 낫지 않을까요?

사건 18

엄마가 좋아, 아빠가 좋아?

엄마의 일기

　리안이는 엄마인 내가 싫은 모양이다. 사사건건 참견하고 꼬치꼬치 물어보니 짜증이 날 만도 하겠다. 하지만 다 리안이 장래를 위해 하는 소리인데 아직은 이해하지 못하나 보다. 아니, 이해 못 하는 척하는 건가? 오늘도 리안이 방에 들어갔더니 하도 난장판이라 잔소리 좀 했다.

"방이 이게 뭐니? 정리 좀 해라."

"엄마는 만날 쓸데없는 일에 신경 쓰더라. 그러지 좀 마."

순간 욱하고 말았다. 그래서 또 폭풍 잔소리를 쏟아부었더니 어이없어하며 다시는 자기 방에 들어오지 말란다. 그래서 내가 물었다.

"너는 엄마가 좋니, 아빠가 좋니?"

"지금 그걸 왜 물어봐? 난 아빠가 좋아."

"그래, 내가 싫다는 말이지? 엄마 싫어할 줄 알았다. 아빠가 하는 건 잔소리가 아니고 다 충고지."

그랬더니 콧방귀를 뀌고는 문을 닫아 버리는 게 아닌가. 나를 싫어하는 게 확실하다.

"엄마가 좋아, 아빠가 좋아?" 참 유치한 질문이지요. 어렸을 때 많이 듣기도 했고요. 이 고전적 질문을 리안이네 엄마도 써먹었네요. 엄마의 일기에서 일부를 떼어 내 살펴보겠습니다.

엄마   너는 엄마가 좋니, 아빠가 좋니?

리안   지금 그걸 왜 물어봐? 난 아빠가 좋아.

엄마   그래, 내가 싫다는 말이지?

이 대화를 선언 기호를 이용해 표현하면 이렇게 되겠지요.

p: 엄마를 좋아한다.

q: 아빠를 좋아한다.

1. p ∨ q   (엄마를 좋아하거나 아빠를 좋아한다.)

2. q   (아빠를 좋아한다.)

3. ∴ ~p   (따라서 엄마를 좋아하지 않는다.)

엄마가 '부당한 선언 논법'이라는 오류를 저질렀다는 걸 알 수 있습니다. 선언에서 한쪽을 긍정한다고 해서 다른 쪽을 부정한다는 뜻은 아니니까요. 다시 말해 아빠를 좋아한다고 해서 엄마를 좋아하지 않는다는 뜻은 아닙니다. 엄마 아빠를 모두 좋아할 수도 있지요.

하지만 만약에 리안이와 엄마의 대화가 다음과 같이 이루어졌다면 문제가 달라집니다.

엄마   엄마가 좋니, 아빠가 좋니?

리안   엄마는 싫어.

엄마   그럼 아빠가 좋은 거네.

비슷한 듯하지만 좀 다르지요? 이 대화도 정리해 봅시다.

p: 엄마를 좋아한다.

q: 아빠를 좋아한다.

1. p ∨ q   (엄마를 좋아하거나 아빠를 좋아한다.)

2. ~p   (엄마를 좋아하지 않는다.)

3. ∴ q   (따라서 아빠를 좋아한다.)

이런 논법은 타당합니다. 한쪽을 부정하면 다른
쪽을 결론으로 받아들일 수 있다는 말입니다. 그러
니 엄마와 아빠 중 누구를 좋아하느냐는 물음에 아
빠를 좋아하지 않는다고 하면 엄마를 좋아한다고 결론지을 수
있습니다. 이 타당한 '선언 논법'을 지난 사건인 '돈가스냐 스파

게티냐'에 한번 적용해 볼까요.

엄마 돈가스 먹을래, 스파게티 먹을래?

리안 돈가스는 먹기 싫어요.

엄마 그럼 스파게티 시키면 되겠네.

---

p: 돈가스를 먹는다.

q: 스파게티를 먹는다.

1. p ∨ q (돈가스를 먹거나 스파게티를 먹는다.)

2. ~p (돈가스를 먹지 않는다.)

3. ∴ q (따라서 스파게티를 먹는다.)

비슷한 대화이지만 이제는 타당한 선언
논법으로 바뀌었습니다. 부당한 선언 논법과 어떤 점이 다른지
이제는 좀 알겠지요?

그럼 역사적 사건에서 발견할 수 있는 선언 논법을 살펴볼까
요. 제2차 세계 대전 당시 일본은 이른바 태평양 전쟁이라고 불

리는 아주 큰 규모의 전쟁을 치렀습니다. 사망자만 수백만 명에 이르렀다고 하니 그 피해를 짐작할 수 있겠지요. 참으로 비극적인 전쟁인데, 이 전쟁을 일으킨 쪽은 일본입니다. 일본은 당시 미국의 경제 봉쇄로 어려움에 처해 있었습니다.

『히로히토』라는 책을 보면, 글쓴이 에드워드 베르는 당시 일본 천황 히로히토에 대해 다음과 같이 말합니다. 히로히토가 군부 지도자들이나 대신들에게 바랐던 것은, 전쟁을 통해서든 외교술을 동원해서든 전혀 양보 없이 미국을 굴복시킬 수 있는 신통력이었다고요. 이 평가는 선언 논법으로 옮길 수 있습니다.

p: 전쟁을 일으켜서 조금도 양보하지 않고 미국을 굴복시킨다.

q: 외교술을 동원해 조금도 양보하지 않고 미국을 굴복시킨다.

~q: 외교술을 동원한 시도는 실패로 끝났다.

1. p ∨ q   (전쟁을 일으키거나 외교술을 동원해 조금도 양보하지 않고 미국을 굴복시킨다.)

2. ~q   (외교술을 동원한 시도는 실패로 끝났다.)

3. ∴ p   (따라서 전쟁을 일으켜서 미국을 굴복시킨다.)

이 선언 논법은 타당합니다. 히로히토가 전쟁을 일으키기로 결정한 배경에 깔린 논리는 형식 면에서는 아무런 문제가 없어 보입니다. 추론이 타당했기에 더욱더 전쟁에 대한 결정을 확고히 했을지도 모르겠습니다.

하지만 우리는 형식이 타당하다고 해도 전제가 참인지를 따져야 한다는 사실을 잊지 않고 있지요. 첫 번째 전제를 봅시다. 히로히토는 미국을 굴복시켜야 한다고 생각했습니다. 그 수단이 전쟁이 되었든 외교가 되었든 상관하지 않았던 겁니다. 그런데 다른 나라를 어떻게 해서든 굴복시켜야 한다는 생각 자체가 잘못된 겁니다. 서로 평화롭게 공존하는 방법을 찾는 것이 바람직하겠지요. 따라서 이 전제는 거짓입니다.

게다가 전혀 양보하지 않고 외교를 한다는 것도 현실적으로 참이 될 수 없습니다. 아예 처음부터 타협할 생각이 없었다면 모를까, 어떻게 상대방과 외교를 하면서 조금도 양보하지 않을 수가 있겠습니까. 히로히토는 군부 쪽에 "전쟁과 외교를 동시에 추진해서는 안 됩니다."라고 말했다고 합니다. 애초에 외교를 통한 해결책에는 관심이 없었다고 볼 수도 있겠네요.

히로히토의 이와 같은 생각이 비극적인 태평양 전쟁의 한 원인이 되었을 겁니다. 이 추론을 신중하게 다시 검토했다면 큰 전쟁을 막을 수 있지 않았을까요?

　지금까지 몇몇 형식적 오류들을 다루었습니다. 전건 부정의 오류, 후건 긍정의 오류, 부당한 선언 논법 이렇게 세 가지였지요. 많이 한 것 같은데 세 가지밖에 안 된다고요? 논리식을 처음 접했기 때문에 이것만으로도 훌륭한 성과입니다.

　논리 기호를 이용해서 식으로 표현하면 이 세 가지 오류는 분명하게 알 수 있었습니다. 그래서 형식적 오류라고 부르지요. 처음에 살펴본 비형식적 오류에는 이런 논리 기호가 등장하지 않았잖아요.

　그리고 형식적 오류 세 가지와 함께 긍정식, 부정식, 선언 논법이라는 타당한 형식도 함께 배웠습니다. 우연한 일이 아닙니다. 전건 부정의 오류는 긍정식에서, 후건 긍정의 오류는 부정식에서, 부당한 선언 논법은 선언 논법에서 비롯됐으니까요.

　올바른 논리와 오류는 언제나 붙어 다닙니다. 제대로 된 논리가 있으니까 그것에서 벗어난 오류도 있는 겁니다. 타당한 형식이 없다면 부당한 형식도 없지 않겠습니까? 빛이 없으면 그림자가 없는 것과 마찬가지입니다.

　지금까지 주로 오류들을 다루었지만 그 바탕은 올바른 생각의 길인 논리였습니다. 우리가 올바른 추론이 무엇인지 알고 있기 때문에 무엇이 잘못되었는지도 잡아낼 수 있었던 겁니다.

오류를 살펴보는 것은 논리를 배우고 익히는 좋은 방법 중 하나입니다. 딱딱한 논리학을 처음부터 정식으로 하나하나 배워 나가는 것보다 훨씬 재미있고 일상생활에 곧바로 활용할 수도 있으니까요.

생 각
도움닫기

논리도 계산할 수 있다,
논리식의 세계

셈본의 덧셈, 뺄셈, 곱셈, 나눗셈 기호처럼 논리식에
도 문장을 연결해 주는 기호들이 있습니다. 바로 부정(~), 연언(&), 선언(∨),
조건(→) 등입니다. 이미 봤던 것도 있고 지금 처음 보는 것도 있을 텐데, 하나
씩 설명해 보겠습니다.

p: 리안이는 빵이 먹고 싶다.

q: 리안이는 우유가 마시고 싶다.

부정문(~이 아니다)   ~p   리안이는 빵이 먹고 싶지 않다.

연언문(그리고)   p & q   리안이는 빵도 먹고 싶고, 우유도 마시고 싶다.

선언문(또는)   p ∨ q   리안이는 빵이 먹고 싶거나 우유가 마시고 싶다.

조건문(~라면)   p→q   리안이가 빵이 먹고 싶다면 우유도 마시고 싶을 것이다.

그런데 왜 논리를 군이 수학처럼 식으로 만들어 따져야 할까요? '진릿값'을 계
산하기 위해서입니다. 거창해 보이지만 사실 진릿값은 참과 거짓을 뜻하는 말
입니다. 예를 들어 '아들이 아버지를 닮았다.'의 진릿값은 참이고, '아버지가
아들을 닮았다.'의 진릿값은 거짓입니다. 그러니 논리식은 편하게 참과 거짓을

따지기 위한 수단이라고 보면 됩니다. 게다가 진릿값을 계산하는 규칙을 공식처럼 쓸 수도 있지요. '이중 부정'을 예로 들까요? 이중 부정이란 '한 번 부정한 것을 또다시 부정해서 긍정을 나타내는 일'을 뜻합니다. 이렇게 말로 하면 복잡하지만 논리식으로는 깔끔하게 쓸 수 있습니다.

$\sim(\sim p) \equiv p$ 리안이는 빵이 먹고 싶지 않지 않다. ≡ 리안이는 빵이 먹고 싶다.

처음 보는 기호 '≡'가 등장했지요. 이 기호는 '양쪽의 진릿값이 같다.'라는 뜻입니다. '동치'라고도 부르지요. 어쨌든 말로 설명하기 복잡한 이중 부정을 논리식으로 쓰니 깔끔하게 정리되었습니다.

앞서 살펴본 '전건 부정의 오류', '후건 긍정의 오류', '부당한 선언 논법'은 아예 논리식을 잘못 세운 경우에 해당합니다. 식 자체가 잘못됐으니 계산이 불가능한 것이지요. 제대로 논리식을 세운다면 덧셈을 하듯이 논리도 진릿값, 즉 참과 거짓을 계산할 수 있습니다. 그 계산법은 더 어려운 논리학을 배우면서 차차 알아 가도록 하지요. 논리 역시 식으로 표현할 수 있고 때로는 그게 더 편하다는 정도만 일단 알아 둡시다.

4

스스로 생각하는 힘

요즘에는 다들 내비게이션으로 길을 찾는 데 익숙해져 있습니다. 여러분도 처음 가는 곳은 인터넷 지도를 이용하지요? 출발지와 목적지를 정해 주면 프로그램이 알아서 최단 거리 또는 최단 시간인 길을 알려 줍니다. 이때 중요한 것은 출발지와 목적지를 정확히 입력하는 일입니다. 그것만 잘하면 별문제가 없지요.

　생각의 길은 이와는 다릅니다. 처음 생각에서 어떤 결론에 이르게 될지 아무도 알 수 없습니다. 어떤 사람을 범인이라고 여기고 수사를 시작해도 새로운 증거가 드러나고 논리적 추론이 더해지면 전혀 생각지 못했던 사람이 범인으로 밝혀지는 일도 종종 있으니까요.

출발지와 목적지가 정해지면 곧바로 경로를 알려 주는 내비게이션과 달리 생각의 길은 한 단계 한 단계 전진하는 방법밖에 없습니다. 미리 목적지를 입력할 수도 없지요. 하나씩 단계를 밟아 앞으로 나아가야만 합니다.

이때 길을 잘못 들면 낭패를 당합니다. 한번 길을 잘못 들면 나중에 잘못을 알아차린다고 해도 돌아가기가 쉽지 않을 뿐만 아니라 시간과 노력을 허비하게 되지요. 게다가 도착하고 난 뒤에도 맞게 왔는지 끝내 알지 못할 수도 있습니다. 잘못된 결론을 받아들여서 아예 미로 속으로 빠져들게 되고요.

오류란 잘못된 길로 들어서는 것입니다. 오류는 좋은 추론을 방해합니다. 그래서 올바른 길로 가지 못하게 만듭니다. 그런데 그 길이 편안해 보이고 어떤 때는 지름길 같기도 한 탓에 사람들은 쉽게 잘못된 길로 들어서곤 합니다. 그러고는 길을 잃어버리지요.

추론은 단계별로 이루어지기 때문에 매 단계마다 세심하게 주의를 기울이지 않으면 안 됩니다. 그리고 자기 힘으로 생각을 해서 나아가야 합니다. 오류인지 아닌지, 타당한지 아닌지 스스로 판단해야 합니다. 결국 좋은 논증인지 아닌지를 구별하는 힘은 자기 자신에게서 나올 수밖에 없습니다.

이제 여러분은 잘못된 길을 어떻게 가려내는지 배웠습니다. 동시에 어떤 길이 바른가에 대해서도 알게 되었습니다. 타당한 논법을 배운 것이지요. 이것만으로도 최소한 잘못된 길인지 아닌지 정도는 알 수 있게 되었습니다.

물론 구조가 분명하게 드러나지 않을 정도로 복잡한 경우도 있겠지요. 하지만 아무리 복잡한 생각이라 해도 차근차근 하나씩 쪼개고 정리해 보면 우리가 배운 기본적인 논법과 오류 찾기로도 감당할 수 있습니다. 지레 겁먹을 필요는 없습니다. 배운 것에 자신감을 갖고 단계별로 따져 보면 의외로 많은 것을 알게 될 겁니다.

.

달려라 논리

달려라 논리 2: 숨어 있는 오류를 찾아라!

초판 1쇄 발행 • 2014년 11월 14일
초판 3쇄 발행 • 2017년 3월 21일

지은이 • 탁석산
펴낸이 • 강일우
책임편집 • 정소영
펴낸곳 • (주)창비
등록 • 1986년 8월 5일 제85호
주소 • 10881 경기도 파주시 회동길 184
전화 • 031-955-3333
팩시밀리 • 영업 031-955-3399 편집 031-955-3400
홈페이지 • www.changbi.com
전자우편 • ya@changbi.com

ⓒ 탁석산 2014
ISBN 978-89-364-5844-7 03170
ISBN 978-89-364-5979-6 (전3권)